Inhalt

Groß ... größer ...

DIE GLORREICHEN DREI

Die Pyramiden von Gizeh galten schon in der Antike als Wunder. Doch so stolz auch die Pharaonen auf ihre Grabmäler gewesen sein mögen: Sie wurden doch allesamt ausgeraubt. Von den Königsmumien fehlt jede Spur ...

Pyramiden!

Es ist nicht leicht, ein Weltwunder zu bauen! Und die Konstruktion der ersten »echten« Pyramide war eine Katastrophe: Pharao Snofru ließ riesige Steinblöcke aufeinanderschichten, ließ tausende Arbeiter schuften ... Doch der Boden sackte weg und die Wände bekamen Risse. Trotzdem wollte Snofru eine noch mächtigere Pyramide errichten. Und wurde so zum tragischsten, aber auch größten Bauherrn im »Alten Reich«.

Sie wollten nicht mehr wie ihre Vorgänger in unterirdischen Gräbern ruhen: Pharao Djoser (unten) und Pharao Snofru (oben).

Djosers Stufenpyramide in Sakkara: Sie ist noch nicht das, was wir unter einer »echten« Pyramide verstehen – aber der geniale Vorläufer. Djosers Grab lag nicht im Steingebäude selbst, sondern unterhalb im Boden.

Diesmal muss es gut gehen mit dem Bau. Es muss! Prinz Nefermaat seufzt – und schaut hinüber zur Baustelle. Die Sonne brennt. Halbnackte Arbeiter zerren auf einem Holzschlitten Steine herbei, Felsungetüme, die sie Brocken für Brocken aufschichten. Noch sind kaum ein paar Meter gebaut – doch hier soll ein mächtiges Grabmal für Nefermaats Vater, den alternden Pharao Snofru, entstehen: Die erste perfekte, glatte Pyramide der Welt. 109 Meter hoch soll sie werden, mit 219 Metern Seitenlänge – ein Koloss. Bloß: Schon einmal hat Nefermaat einen solchen Bau versucht – und ist kläglich gescheitert. Hinter seinem Rücken ragt die riesige, aber doch krumme »Knickpyramide« in den Himmel. Nefermaat schaudert. So eine Pleite darf diesmal nicht passieren. Das ewige Leben des Pharao liegt in seinen Händen!

* NÄHER AN DEN GÖTTERN

Nichts Großartiges gelingt leicht beim ersten Mal – und so war es auch mit den Pyramiden. Jahrhundertelang hatten sich Pharaonen in unterirdischen Gräbern bestatten lassen, ausgestattet mit Schätzen und Leckereien. Die Könige sollten es gut haben in ihrem Leben nach dem Tod – und sicher ruhen. Ein Pharao namens Djoser war der Erste, der nicht im Dunkeln begraben sein wollte, sondern näher dran an den Göttern: In einer Stufenpyramide, die wie ein eckiger, sechsstöckiger Kuchen aussieht, oder wie eine spitz zulaufende Treppe. Sie war ein Meisterwerk – aber eben noch nicht das, was wir unter einer echten Pyramide verstehen. Rund 80 Jahre später kam Pharao Snofru an die Macht, im Jahre 2620 vor Christus. Auch er ließ sich zunächst eine prächtige Stufenpyramide bauen. Doch dann wollte er mehr. Die erste echte Pyramide!

* SCHUFTEN FÜR DEN PHARAO

Prinz Nefermaat erinnert sich, wie hoffnungsvoll sie sich ans Werk gemacht haben: Mit Strick und Wasserwaage haben Vermesser nach einem passenden Baugrund gesucht – und ihn in Dahschur gefunden, auf einer Wüstenebene. Nefermaat hat etwa 5000 Profis zusammengetrommelt: erfahrene Handwerker, Mathematiker, Künstler. Dazu kamen etwa 10 000 Hilfsarbeiter – oft Bauern, die für einige Monate im Steinbruch schuften mussten oder die riesigen Quader schleppten. Die Arbeit war hart: Die Männer rackerten barfuß, halb nackt. Und wie leicht entglitten die tonnenschweren Steinbrocken! Trotz allem: Der Pharao war ein Gott für sie – und so war das Volk begeistert beim Pyramidenbau dabei. Nefermaat schwirrte oft der Kopf, wie viele Menschen auf der Baustelle wuselten: Außer den Arbeitern und Profis brauchte er Schmiede für das Kupferwerkzeug, Wasserträger und Laufburschen. Zudem unzählige Helfer, die für tausende Arbeiter Fische brieten, nahrhaftes Brot buken und Bier brauten.

→ KNICK IN DER OPTIK

Sie hätte die erste glatte Pyramide werden sollen – und war doch nagelneu schon eine Ruine: Snofrus »Knickpyramide« wurde auf zu weichem Grund gebaut. Mit ihren Rissen war sie eines Pharaos nicht würdig!

Um die Steinblöcke nach oben zur Pyramidenspitze zu bekommen, bauten sich die Ägypter Rampen. Eine knochenharte Arbeit, die viel Kraft und Ausdauer von den Arbeitern abverlangte.

* HOCH HINAUS

Es ist bis heute ein Rätsel, wie die Ägypter die Steinblöcke zur Pyramidenspitze bringen konnten. Zweieinhalb Tonnen haben die etwa gewogen – jeder so viel wie eine Elefantenkuh. Im Steinbruch mussten die Arbeiter mit Kupfermeißeln tiefe Rillen schlagen. Dann wuchteten sie mit langen Hebeln die Blöcke heraus. Zur Baustelle zerrten sie diese auf Holzschlitten. Zuweilen halfen Ochsen, doch manchmal musste es reichen, ein wenig Wasser vor die Schlittenkufen zu kippen, damit die besser rutschten. Karren mit Rädern kannte man im frühen Ägypten eben noch nicht!

Um die Last dann nach oben zu schleppen, nutzten die Arbeiter wohl Rampen; Forscher haben Reste von ihnen entdeckt. Doch wie sie ausgesehen haben, ist umstritten: Eine seitliche Rampe hätte zu Baubeginn funktioniert. Aber je höher die Pyramide wuchs, desto länger hätte die Rampe nach hinten ausgebaut werden müssen, damit sie nicht zu steil wird. So eine Rampe hätte mehr Baumaterial verschlungen als die Pyramide selbst. Manche Forscher sagen: Die Rampe zog sich schneckenförmig an der Pyramide hoch, wie eine Spirale oder Wendeltreppe. Wie auch immer die

Die prächtige Königinnenkammer in der Cheops-Pyramide – in der allerdings nie eine Gemahlin des Pharaos bestattet wurde.

Ägypter es geschafft haben: Es war eine unglaubliche Leistung! Doch bei der »Knickpyramide« hat all die Kunstfertigkeit nichts genutzt. »Ich werde nie den grauenhaften Tag vergessen, als wir die ersten Risse entdeckt haben!«, denkt Nefermaat unglücklich. Ein Drittel der geplanten Höhe war geschafft – da begann der Baugrund nachzugeben. Er war nicht stabil genug für die Last. Die nagelneue Pyramide begann zu bersten! Als Erstes musste Prinz Nefermaat die Grabkammer seines Vaters aufgeben – und ließ weiter oben eine neue errichten. Doch auch hier fraßen sich Risse durch die Wände. Wo auch immer sie nachbesserten: Anderswo platzten neue Löcher auf. Zuletzt ließ Nefermaat einen dicken Schutzmantel aus hellem Kalkstein um die Pyramide mauern. Eigentlich eine Notlösung. Aber späteren Pyramidenbauern gefiel der glatte Mantel, und er wurde wieder und wieder verwandt. Nicht, dass das Nefermaat hätte trösten können …

Nur wenige Touristen dürfen täglich die Gänge der Großen Galerie hinaufwandern. Dieser Gang ist 47 Meter lang und 8 Meter breit und führt in die Pharaonenkammer.

Das Geheimnis der Cheops-Pyramide

SUPERSTAR DER PYRAMIDEN

Die Cheops-Pyramide ist 146 Meter hoch, ihre Seiten sind 230 Meter lang und sie besteht aus 2,3 Millionen Steinen. Ca. 30 Jahre lang wurde an dieser Pyramide gebaut. Sie gehört zu den sieben Weltwundern.

Pyramiden sind gigantisch – und so würde man denken, dass in ihnen auch gigantische Säle stecken, wie in einem Schloss. Stattdessen haben Pyramiden nur enge Gänge, die zu einer oder mehreren Grabkammern führen. Aber wer weiß, ob wirklich alles entdeckt ist? In der Cheops-Pyramide sind in den letzten 20 Jahren zwei Mal Forschungsroboter in die schmalen Luftschächte geschickt worden. Beides Mal wurden sie von einem Blockierstein gestoppt. Ob es dahinter weitergeht? Ob es versteckte Säle gibt – mit unentdeckten Schätzen? Seit kurzem behauptet ein französischer Forscher, mit einem Georadar Hohlräume unter der »Königinnenkammer« aufgespürt zu haben. Er glaubt, dass dort eine vierte Kammer liegt, geschützt durch Falltüren und drehbare Statuen. »Wir sind doch nicht in Hollywood!«, schimpfen andere Forscher. Sie glauben nicht, dass es geheime Räume gibt. Und natürlich ist die Cheops-Pyramide zu kostbar, als dass man bohren und nachschauen könnte. Wer Recht hat? Wir sind gespannt!

»Wie wütend mein Vater war!«, erinnert er sich schaudernd. »Hier ging's schließlich um seine Unsterblichkeit!« Pharao Snofru hatte schon alles geplant. Er hatte sogar 35 Güter und 122 Viehweiden eingerichtet, sodass er in der Ewigkeit mit fetten Kühen und Gänsen versorgt wäre. Was würde passieren, wenn er stirbt, bevor eine würdige Pyramide fertig ist? Der Pharao und seine Bauleiter fassten einen Entschluss: Die obere Hälfte der Pyramide sollte mit einem flacheren Winkel fertig gebaut werden – mit dem berühmten Knick. Das verbrauchte weniger Steine und wog weniger. Und so beendeten sie die »Knickpyramide«: Ein Meisterwerk – und eine Ruine zugleich.

* ENDE GUT, ALLES GUT

»Auf, auf, ihr Faulpelze! Jetzt geht's wieder an die Arbeit«, treibt Nefermaat ein Grüppchen Steinmetze an. Der Pharao hat sich von der Pleite nämlich nicht entmutigen lassen. Stattdessen hat er zum dritten Mal beschlossen, ein Grabmal zu bauen: Die Rote Pyramide, noch größer und mächtiger als alles Vorherige. Und wieder wuseln tausende Arbeiter auf der Baustelle. Die Zeit drängt, denn der Pharao wird immer älter. »Es bringt nichts zurückzuschauen«, sagt Nefermaat entschlossen. »Diesmal schaffe ich es! Der Bau wird gelingen!«

Und so kam es auch: Die Rote Pyramide ist die erste perfekte Pyramide der Welt! Pharao Snofru hat sein ersehntes Grabmal bekommen – und Ruhm und Ehre dazu. Zugegeben: Die Pyramide seines Sohnes Cheops sollte noch größer und berühmter werden. Doch ohne Snofrus Vorarbeit hätte er dies nie geschafft. Der Weg zur ersten Pyramide war mühsam. Aber wer erfindet schon so einfach ein Weltwunder?

Bauvorhaben geglückt: Im letzten Anlauf schufen Snofrus Arbeiter die Rote Pyramide.

Abu Simbel wurde versetzt – und sein »Sonnenwunder« bewahrt: An zwei Tagen im Jahr dringen die Strahlen bis zu den Götterstatuen im Tempel.

Die Welt rettet Abu Simbel

3200 Jahre hatte er Wind und Wetter getrotzt – der mächtige Tempel von Abu Simbel. Und nun sollte er für immer im Nil versinken. Ägypten hatte 1960 begonnen, den riesigen Assuanstaudamm zu bauen, einen künstlichen See zu stauen. Die Wellen rückten immer näher. Doch Ingenieure aus der ganzen Welt beschlossen: Wir werden Abu Simbel zersägen … und oberhalb der Fluten wieder zusammensetzen. Ein kühner Plan – und ein Wettlauf gegen die Zeit!

Da schwebt das Gesicht des Pharao, schwebt durch die flirrende Wüstenluft – und lächelt. Als sei es normal, dass 40 Tonnen Sandstein fliegen lernen. Als könne nicht alles herabstürzen, zerbröseln, für immer verloren gehen. Der Kran ächzt. »Passt bloß auf da oben!«, brüllen die Arbeiter, »Be careful!«, »Attenzione!«. Sie sind aus 47 Ländern nach Südägypten gekommen, um dieses Gesicht zu retten – und mit ihm den Tempel von Abu Simbel. Ramses der Große hatte ihn gebaut und 55 Meter tief Hallen in den Felsen getrieben – und sich selbst als steinernen Wächter vor den Eingang gesetzt: Gleich vierfach hockt er seitdem dort, hoch wie ein Wohnhaus. Zwischen seinen Riesenfüßen sehen die Arbeiter wie Däumlinge aus. Und doch liegt es an ihnen, den Pharao zu retten. Ohne sie verschlingt bald alles der Nil.

* VERRÜCKTE PLÄNE

Es ist der 14. September 1966. Ägypten hatte beschlossen, die Fluten des Nils zu kontrollieren – und deshalb den gigantischen Assuanstaudamm zu bauen. Teils ist er fertig, hinter ihm steigt schon das Wasser: Ein 500 Kilometer langer See entsteht – und verschluckt Welle für Welle die Dörfer. 100 000 Menschen werden umgesiedelt. Doch was passiert mit Abu Simbel? Auf der ganzen Welt wurde Geld gesammelt – und es gab abenteuerliche Pläne: Vielleicht könnte eine Glaskuppel das Wasser vom Tempel abhalten? Vielleicht könnte man ihn auf ein riesiges Floß setzen und von den Fluten nach oben tragen lassen? Zu verrückt, zu teuer, zu langwierig. Da hatten schwedische Ingenieure eine geniale Idee …

* EIN TONNENSCHWERES PUZZLE

Seitdem herrscht Lärm in der Wüste: Tag und Nacht rumpeln die Raupen, die zunächst den Berg um den Tempel abtragen. Ein Wall schützt die Baustelle vor dem steigenden Wasser. Und schließlich rücken die Sägemeister an – eingeflogen aus italienischen Marmorsteinbrüchen. Denn das ist der kühne Plan: Abu Simbel wird zersägt, in über 1000 Blöcke, 30 bis 40 Tonnen schwer. Alle Stücke bekommen Nummern – und werden dann 65 Meter höher neu zusammengebaut, wie ein gigantisches Puzzle. Ganz schön knifflig. Manchmal dauert es Stunden, bis zwei Blöcke wieder exakt aufeinandersitzen.

»Jetzt – runterlassen!« Sanft senkt der Kran den Kopf des Pharao, setzt ihn auf die steinernen Schultern zurück, wo er tausende Jahre gesessen hatte. Die Arbeiter applaudieren. Doch noch bleibt viel zu tun. Erst 1968 ist auch die letzte Sägefuge in Abu Simbel verputzt, so gut, dass man nichts mehr sieht. Pharao Ramses II. thront bis heute über dem Nil – und lächelt. Zu Lebzeiten war er für unglaubliche Bauprojekte bekannt. Die Rettung von Abu Simbel hätte ihm sicher gefallen!

64 Meter oberhalb seines ursprünglichen Platzes wird Abu Simbel neu zusammengepuzzelt. Damit der Sandstein nicht zerbröselt, wird Kunstharz in ihn eingespritzt. Bagger, Kräne, Planierraupen müssen über hunderte Kilometer in die Wüste gebracht werden.

Der Nil – damals und heute

Von seiner entferntesten Quelle in Burundi bis zur Mündung ins Mittelmeer ist er 6670 Kilometer lang: der Nil, schon zur Pharaonenzeit die Lebensader Ägyptens. Einmal jährlich trat er kilometerweit über die Ufer und hinterließ fruchtbaren dunklen Schlamm. War die Überschwemmung zu schwach, drohte Hunger – aber auch, wenn sie zu stark und zerstörerisch war. Von 1960 bis 1971 baute Ägypten den Assuanstaudamm: Mehr als dreieinhalb Kilometer lang und 110 Meter ist er hoch und blockiert so den Nil. Seine Turbinen erzeugen riesige Mengen von Energie, so dass große Industrieanlagen entstehen konnten. Der Nil selbst ist gezähmt – und viele sagen heute, dass das ein Fehler ist: Der fruchtbare Schlamm bleibt bei Assuan hängen. Die Bauern im Rest von Ägypten müssen teuren Kunstdünger kaufen, der wiederum das Wasser schmutzig macht. Manche Experten fordern heute sogar, den Staudamm wieder einzureißen …

Der Neubau-Tempel aus der Luft: Heute sieht man die riesigen Betonkuppeln nicht mehr, die Abu Simbel stützen.

IKONOS image courtesy of GeoEye

Mehr als 3000 Jahre ägyptische Reich …

Ein schneller Überblick mit den wichtigsten Fakten!

BIS CA. 2707 V. CHR.

FRÜHE UND ARCHAISCHE ZEIT

Am Nil siedeln sich Nomaden an – und fangen an, Ackerbau und Viehzucht zu betreiben. Unter- und Oberägypten schließen sich zusammen. Etwa 3500 v. Chr. entsteht die älteste bekannte Schrift der Menschheit: Die Hieroglyphen!

→ *siehe: Hieroglyphen, Seite 42 ff.*

CA. 2707–2170 V. CHR.

ALTES REICH

Pharaonen herrschen über Ober- und Unterägypten. Es ist das Zeitalter der Pyramiden! Pharaonen wie Snofru, Cheops und Chephren bauen sich die gigantischen Grabmäler!

→ *siehe: Pyramiden, Seite 6 ff.*

CA. 2170–2020 V. CHR.

ERSTE ZWISCHENZEIT

Ägypten ist in einzelne Fürstentümer zerfallen. Durch die Kämpfe entstehen neue Waffentechniken. Könige kommen und gehen, bis es Mentuhotep gelingt, das Reich wieder zu vereinen.

CA. 2020–1794 V. CHR.

MITTLERES REICH

Ägypten wird wieder von nur einem Pharao regiert, sein Name ist Sesostris II. Theben wird die neue Hauptstadt. Der Handel blüht – ebenso wie die Kunst. Ägypten erobert Teile Nubiens. Von dort kommen Elfenbein und Luxusgüter ins Land.

bestand das

CA. 746 V. CHR.–313 N. CHR.

SPÄTZEIT UND AUSKLANG

Ägypten ist unter Kontrolle von Persern und Ptolemäern. Der Feldherr Alexander der Große gründet die Stadt Alexandria. Die letzte ägyptische Herrscherin ist Kleopatra – und dann übernehmen die Römer endgültig die Macht!

CA. 1070–746 V. CHR.

DRITTE ZWISCHENZEIT

Zeitweise Krieg und Chaos. Bis zu vier Dynastien und mehrere Fürsten regieren gleichzeitig. Während der Unruhen haben Grabräuber leichtes Spiel …

siehe: Dreiste Diebe, Seite 24 ff.

1550–1070 V. CHR.

NEUES REICH

Die Zeit der Pharaonen Echnaton, Tutanchamun und von Ramses dem Großen! Phantastische Tempel entstehen – wie der von Abu Simbel. Der Reichtum lockt eroberungslustige Feinde an. Von jetzt an werden Pharaonen im »Tal der Könige« beigesetzt.

siehe: Tempel-Versetzung, Seite 12 ff.
siehe: Tutanchamun, Seite 18 ff.
siehe: Ägyptens Herrscher, Seite 34 ff.

CA. 1794–1550 V. CHR.

ZWEITE ZWISCHENZEIT

Fremde am Nil! Die sogenannten Hyksoskönige, die aus dem Nahen Osten gekommen sind, übernehmen die Herrschaft. Neu in Ägypten: Es gibt jetzt Räder und Streitwagen!

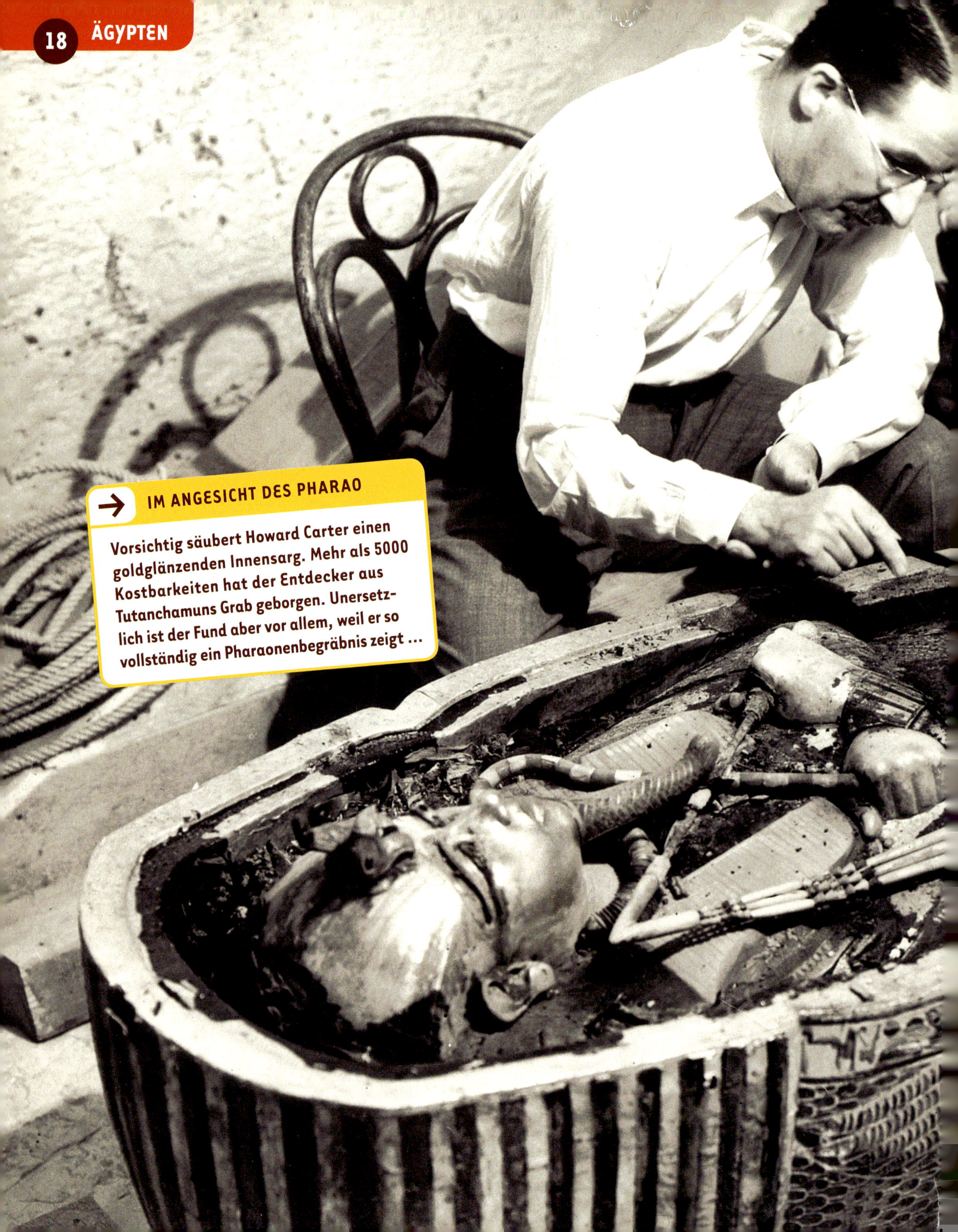

IM ANGESICHT DES PHARAO

Vorsichtig säubert Howard Carter einen goldglänzenden Innensarg. Mehr als 5000 Kostbarkeiten hat der Entdecker aus Tutanchamuns Grab geborgen. Unersetzlich ist der Fund aber vor allem, weil er so vollständig ein Pharaonenbegräbnis zeigt …

Die Entdeckung des reichen Kindkönigs

Nie mehr ist ein Pharaonengrab gefunden worden, das so reich an Gold und Edelsteinen war wie das des Kindkönigs Tutanchamun. Zwei Engländer haben die Entdeckung gemacht. Und wurden trotzdem damit nie recht glücklich …

Es war der 6. November 1922. Die Hände von Lord Carnarvon zitterten. Fast konnte er das Telegramm nicht halten, das gerade aus Ägypten gekommen war: »Habe endlich wunderbare Entdeckung im Tal gemacht. Stop. Großartiges Grab mit unbeschädigten Siegeln. Stop. Bis zu Ihrer Ankunft alles wieder zugeschüttet. Stop. Gratuliere.« Ein Grab! Sollten sie's diesmal wirklich geschafft haben? Hatten sie ihn gefunden – den geheimnisvollen Pharao Tutanchamun?

Fünf Jahre lang hatte der Lord ein Vermögen in die Schatzsuche im »Tal der Könige« gesteckt. Doch wirklich im Staub gerackert hatte ein anderer: sein Partner Howard Carter. Der war ebenfalls Engländer, kam aber aus ärmlichem Hause. Er war besessen davon, den Pharao zu finden – doch allein hätte er sich niemals die Grabungserlaubnis oder Hilfsarbeiter leisten können. Also hatte er sich mit dem stinkreichen Lord zusammengetan. Und während dieser in England durch sein Schloss flitzte, starrte Carter glücklich in den Sternenhimmel. Andere Forscher hatten schon wie Wühlmäuse das »Tal der Könige« durchgraben! Niemand außer ihm hatte geglaubt, dass es hier noch ein Grab zu finden gab. Selbst den Lord hatte er überzeugen müssen: »Nur einen Winter noch! Wir müssen es noch einmal versuchen!«

Und nun hatte er diese Steinstufen entdeckt, die geradewegs in den Wüstenboden hinabzuführen schienen …

Heute wäre es nicht erlaubt, dass Privatmänner in Ägypten nach Schätzen graben. Das machen zahlreiche Forschungseinrichtungen mit studierten Archäologen. Doch damals war es fast eine Art Glücksspiel: Die Suche kostete zwar Geld – doch wer ein Grab, wertvollen Schmuck oder Statuen fand, hatte ausgesorgt! Höchstens die Hälfte ging an Ägyptens Museen. Den Rest durfte der Finder behalten. Und so waren der Lord und Howard Carter unendlich gespannt, welche Reichtümer sie erwarteten.

* GOLD GLÄNZT IN DER DUNKELHEIT

Drei Wochen nach dem Telegramm war Lord Carnarvon im »Tal der Könige« angekommen. Und nun folgte er Carter die alten Stufen hinab in die Dunkelheit. Die erste Steintür hatten sie am Vortag durchbrochen. Dahinter lag ein Gang – und eine zweite Tür. Mit einer Eisenstange bohrte Carter eine Öffnung – und spähte ins Dunkel. Die Flamme seiner Kerze flackerte. »Können Sie etwas sehen?«, fragte Lord Carnarvon ungeduldig. »Ja. Wunderbare Dinge«, antwortete Carter krächzend. Überall glänzte Gold, überall blitzten Edelsteine! Da standen ein goldener Thronsessel und goldene Bahren. Alabastervasen schimmerten. Es gab Blumenkränze und edle Betten, zwei lebensgroße schwarze Wächterfiguren – und vor allem aber war da eine weitere Tür. Hier ging's noch weiter, diese Pracht war erst der Anfang! Und hinter der nächsten Tür würde der Pharao Tutanchamun ruhen, da war sich Carter ganz sicher!

Tutanchamun war kein mächtiger Pharao wie etwa Ramses oder Cheops. Er wurde um 1340 vor Christus geboren und kam schon als 9-jähriger Junge auf den Thron. Doch die Macht im Königreich lag bei Erwachsenen, bei einem General, seinem Schatzmeister und seinem Großwesir. Schon mit etwa

Ein Falke als Beschützer: Das Amulett mit den fein eingepassten Edelsteinen wurde Tutanchamun mit ins Grab gelegt.

Diese prächtige Truhe ist eines der best erhaltensten Stücke aus der Grabkammer. Als sie entdeckt wurde, fiel den Ausgräbern besonders die Schönheit des Dekors auf, obwohl die Truhe vom Staub der Jahrtausende bedeckt war.

Ein Labyrinth von Schatzkammern

Nur 80 Quadratmeter misst Tutanchamuns Grab – das ist wenig im Vergleich zu den Grabanlagen anderer Könige. Ganz rechts ❶ ist die Schatzkammer. In den Vorkammern ❷ stapelten sich Möbel und Lebensmittel. Und in der Grabkammer ❸ fanden sich vier hölzerne Schreine, die wie Schachteln ineinanderpassten.

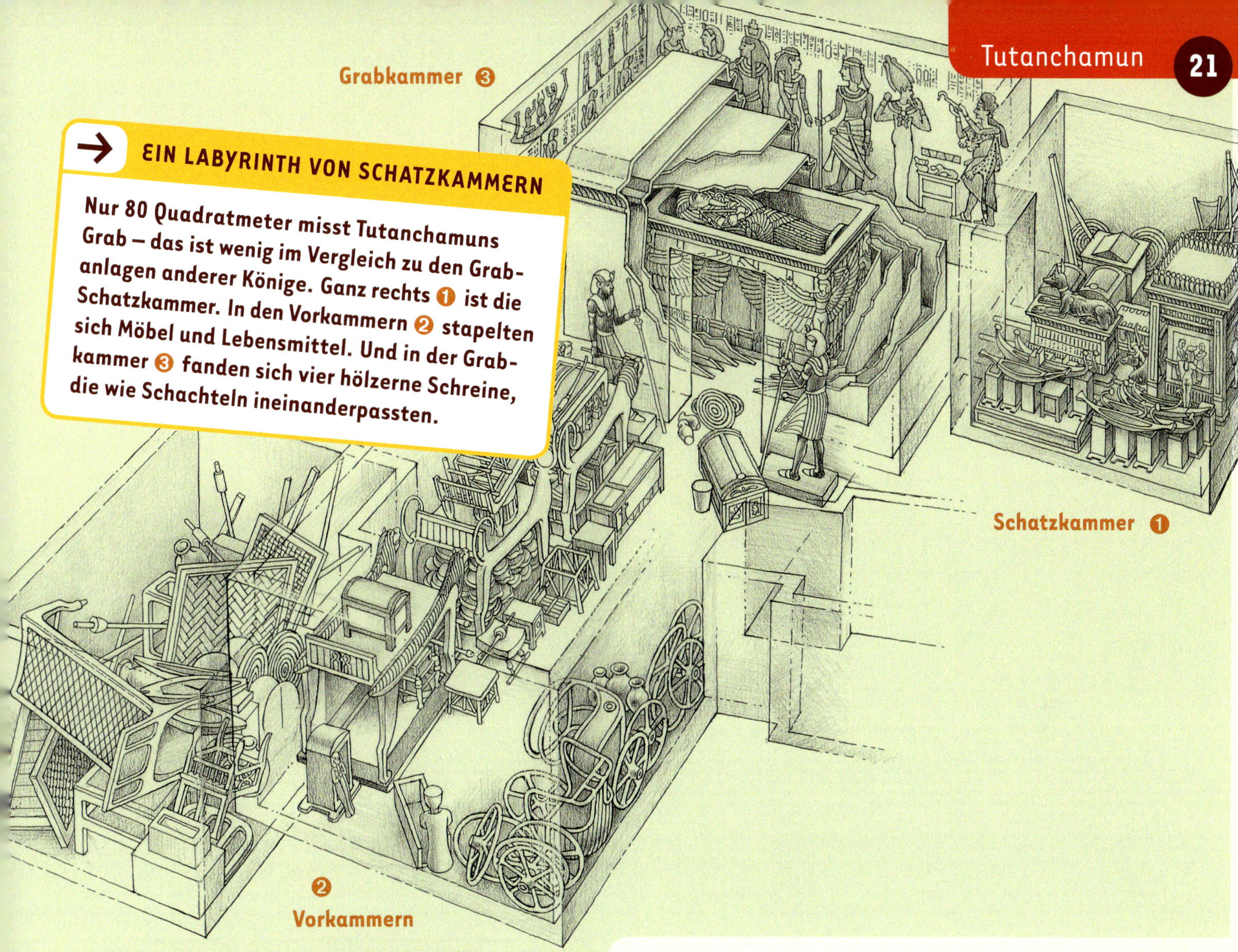

18 Jahren ist Tutanchamun gestorben. »Ermordet!«, behaupten manche Experten. Lange glaubte man nämlich, auf dem Röntgenbild der Mumie einen Knochensplitter zu sehen, der hinten in der Gehirnschale steckte. Hat jemand den jungen Pharao erschlagen? Oder ist er an einer Krankheit gestorben und der Splitter war eine optische Täuschung? Sicher ist jedenfalls: Das Königsgrab war längst nicht fertig gebaut, als Tutanchamun so jung starb. Also ist er zwar mit allen Reichtümern bestattet worden – aber in einer kleinen Gruft. Vielleicht war das später seine Rettung: Alle anderen Pharaonengräber haben Räuber ausgeplündert. Nur Tutanchamuns Grab hat beinahe vollständig dreieinhalbtausend Jahre überstanden … Bis es Lord Carnarvon und Howard Carter entdeckten.

Große Spannung: Carter und ein Gehilfe durchbrechen die Mauer zum Grab.

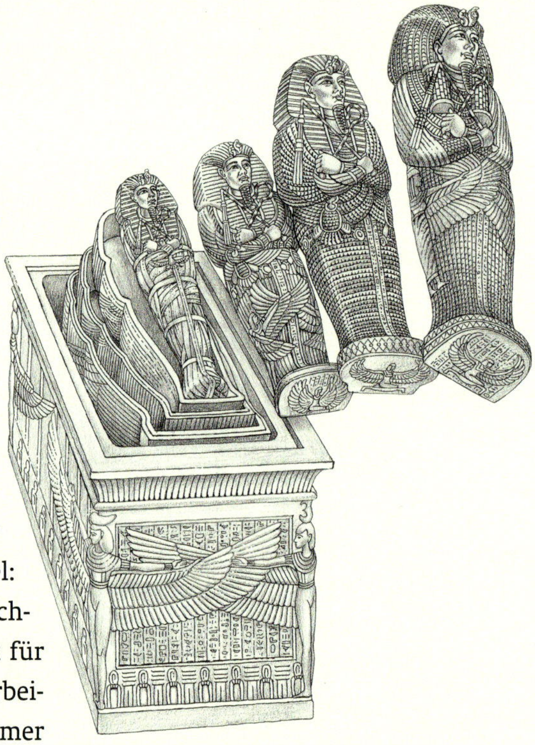

* VIEL TRUBEL UND VIEL ÄRGER

Die Nachricht ging wie ein Lauffeuer um die Welt. Ein Pharaonengrab! Rund um die Ausgrabungen wimmelte es von Reportern und Besuchern. Adlige und Prominente stritten sich um private Führungen. Man könnte denken, dass die Finder nun glücklich waren! Aber Howard Carter hasste den Rummel: Er wollte doch bloß in Ruhe die Reichtümer nummerieren und sich Stück für Stück zur nächsten Kammer vorarbeiten. Die Mumie hatte schließlich immer noch keiner gesehen!

Der Lord hingegen raste vor Wut. Die Regierung in Ägypten hatte nämlich verkündet, dass sie alle Schätze behalten wollte – trotz der teuren Grabungen des Engländers. Und es kam noch schlimmer: Nur drei Monate nach der Entdeckung des Grabes wurde Lord Carnarvon von einem Insekt gestochen, und die Pustel entzündete sich. Blutvergiftung! Am 5. März 1923 ist der Lord in seinem Hotel gestorben. Howard Carter hingegen zerstritt sich bald so sehr mit der Regierung, dass ihm zeitweise sogar der Schlüssel zum Grab weggenommen wurde.

* EIN GROSSER MOMENT

Doch letztlich war der Pharao wichtiger als alle Streitigkeiten! Drei Jahre nach der Entdeckung des Grabes war seine Mumie immer noch unberührt. Vier goldene Holzschreine schützten den äußersten, tonnenschweren Granitsarg. Und nicht genug: In ihm ruhten drei weitere Särge, kunstvoll geformt wie die Mumie des verstorbenen Königs. Der letzte Sarg war aus massivem Gold, mit schimmernden Edelsteinen geschmückt. Und schließlich war es so weit! Carter hielt den Atem an, als der Deckel sich langsam öffnete: Hier lag der tote König! »In solchen Augenblicken versagt die Sprache«, schrieb Carter in seinen Erinnerungen.

Die Schätze von Tutanchamun sind heute im Ägyptischen Museum in Kairo. Seine Mumie aber wurde nach gründlicher Untersuchung zurück ins Grab gelegt – wie es sich der Pharao wohl gewünscht hätte. Und der Entdecker, Howard Carter? Der ist letztlich mit Büchern und Vorträgen zu Geld gekommen. Er hatte schließlich Spannendes zu erzählen. Nie wieder ist in Ägyten ein Königsgrab gefunden worden, das derartig schön und kostbar war wie das von Tutanchamun.

Der Fluch des Pharao

»Nun wird etwas Schreckliches passieren!« Die Nachricht verbreitete sich in Windeseile: Kaum hatte Carter das Grab von Tutanchamun geöffnet – da wurde sein Kanarienvogel von einer Kobra verschlungen. Die war das Symbol der Pharaonen! Wenig später starb der Geldgeber der Ausgrabung, Lord Carnarvon. Man munkelte, in seiner Todesstunde seien alle Lichter in Kairo ausgegangen, und der Hund des Lords sei in England wenige Minuten später verstorben.

Gab es einen Fluch des Pharao? Rächte er sich bei den Eindringlingen? Mehrere Wissenschaftler starben, kurz nachdem sie das Grab besucht hatten. Mehrere Menschen, die bei der Öffnung des Grabes anwesend waren, begingen Selbstmord. Und 1939 hingen Millionen Zuhörern an ihren Radiogeräten: Ein Musiker sollte ein paar Töne auf der silbernen Trompete spielen, die beim Pharao gefunden worden war. Aber sie zerbarst. Später behaupteten manche, das sei ein Omen gewesen – dafür, dass kurz danach der Zweite Weltkrieg ausbrach. Die Presse liebte absurde Gruselgeschichten!

Aber Howard Carter glaubte nicht an einen Fluch. Er starb auch erst mit 66 Jahren – ganz banal an einem Herzinfarkt. Und Forscher haben nun vor Kurzem alle Todesfälle überprüft: Im Durchschnitt sind die Leute, die an der Entdeckung des Grabes beteiligt waren, genauso alt oder jung gestorben wie jedermann. Einen Fluch des Pharao hat es nie gegeben. Aber manch einer glaubt daran – bis heute.

Die Mumie des Pharao war gut beschützt: in drei Särgen und einem eckigen Steinsarkophag. Der Innensarg auf diesem Foto war bei seiner Entdeckung völlig von Salbölen verklebt. Er ist aus purem Gold – und strahlt heute prächtig.

So ein Fund gelingt selten: Erst vor wenigen Jahren wurde das »Tal der goldenen Mumien« in Westägypten entdeckt. In der unterirdischen Totenstadt ruhten tausende unberührte Mumien. Zumindest einmal sind die Forscher schneller gewesen als die Grabräuber …

VERFÜHRERISCHER REICHTUM

Von außen ist das »Tal der Könige« öde. Doch in die Felsen sind prächtige Grabstollen getrieben. Seit dem »Neuen Reich« fanden hier die Pharaonen ihre letzte Ruhestätte – und lockten damit Diebe an, die nach den königlichen Schätzen gierten.

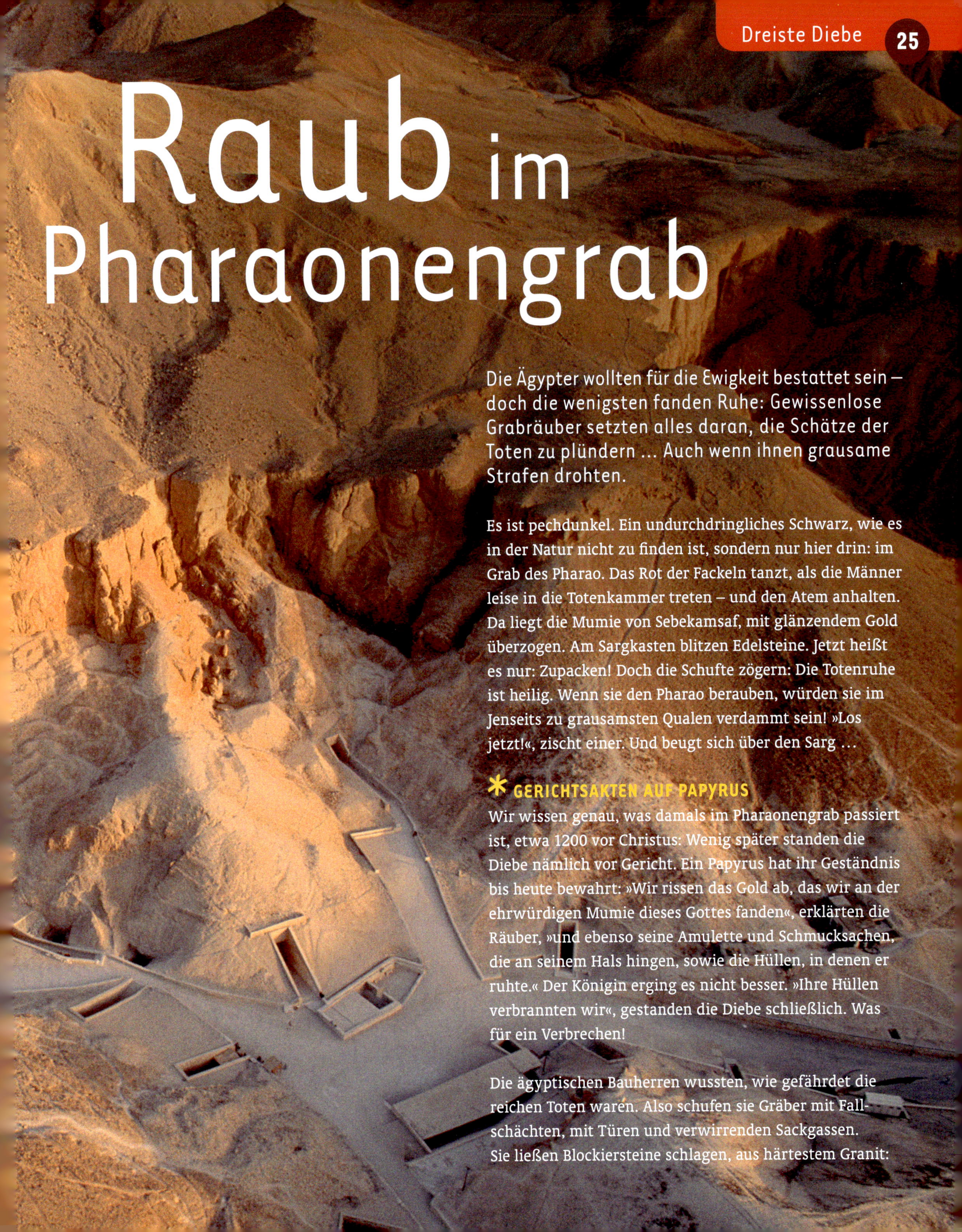

Raub im Pharaonengrab

Die Ägypter wollten für die Ewigkeit bestattet sein – doch die wenigsten fanden Ruhe: Gewissenlose Grabräuber setzten alles daran, die Schätze der Toten zu plündern … Auch wenn ihnen grausame Strafen drohten.

Es ist pechdunkel. Ein undurchdringliches Schwarz, wie es in der Natur nicht zu finden ist, sondern nur hier drin: im Grab des Pharao. Das Rot der Fackeln tanzt, als die Männer leise in die Totenkammer treten – und den Atem anhalten. Da liegt die Mumie von Sebekamsaf, mit glänzendem Gold überzogen. Am Sargkasten blitzen Edelsteine. Jetzt heißt es nur: Zupacken! Doch die Schufte zögern: Die Totenruhe ist heilig. Wenn sie den Pharao berauben, würden sie im Jenseits zu grausamsten Qualen verdammt sein! »Los jetzt!«, zischt einer. Und beugt sich über den Sarg …

* GERICHTSAKTEN AUF PAPYRUS

Wir wissen genau, was damals im Pharaonengrab passiert ist, etwa 1200 vor Christus: Wenig später standen die Diebe nämlich vor Gericht. Ein Papyrus hat ihr Geständnis bis heute bewahrt: »Wir rissen das Gold ab, das wir an der ehrwürdigen Mumie dieses Gottes fanden«, erklärten die Räuber, »und ebenso seine Amulette und Schmucksachen, die an seinem Hals hingen, sowie die Hüllen, in denen er ruhte.« Der Königin erging es nicht besser. »Ihre Hüllen verbrannten wir«, gestanden die Diebe schließlich. Was für ein Verbrechen!

Die ägyptischen Bauherren wussten, wie gefährdet die reichen Toten waren. Also schufen sie Gräber mit Fallschächten, mit Türen und verwirrenden Sackgassen. Sie ließen Blockiersteine schlagen, aus härtestem Granit:

Die waren so groß und schwer, dass sie den Durchgang der engen Gänge versperrten. Falls es ein Räuber doch in die Grabkammer schaffte, sollte er mit magischen Formeln verflucht werden: »Der Geist des Toten wird dem Dieb den Hals umdrehen wie einer Gans«, steht warnend an einer Wand. Vor Kurzem wurde ein besonders gemeiner Abwehrtrick entdeckt: In der Grabkammer eines feinen Beamten im »Tal der Mumien« wabert ein gelber Staub aus Erzpulver. Er reizt den Atem so sehr, dass die Forscher nur mit Gasmasken hineinkonnten – und Räuber womöglich ersticken sollten.

* ALLER REICHTUM FÜR EIN GRAB

Genutzt hat all das wenig: Selbst die gewaltigen Pyramiden wurden geplündert. Besonders verlockend für Räuber war das »Tal der Könige« – eine ganze Stadt aus Gräbern, in der sich die Pharaonen des »Neuen Reiches« bestatten ließen. Arbeiter schlugen kunstvolle Stollen in den Felsen, verzierten sie mit Malereien und schleppten goldverzierte Möbel, Alabastervasen und glitzernden Schmuck hinein. Schon ein einfacher Mann sparte damals 40 Monatslöhne zusammen, um im Jenseits bequem weiterzuleben. Das wären heute leicht 100 000 Euro! Ein Beamter gab sogar über das Doppelte aus. Am protzigsten liebten es aber die Pharaonen: Allein um das Geld für Tutanchamuns Goldsarg zu verdienen, hätte ein Arbeiter damals 2900 Jahre schuften müssen. Und das alles sollte nun für die Ewigkeit verrotten?

* KEINE ANGST VOR FLÜCHEN

Am neidischsten waren wohl die Grabarbeiter, die Jahr für Jahr im »Tal der Könige« schufteten und in einer nahen Siedlung lebten. Sie wussten von den Schätzen, sie kannten die Geheimgänge … und die drohenden Flüche hatten sie ja selbst an die Grabmauern gepinselt! Vielleicht hatten sie deshalb weniger Angst. Mehrfach in Ägyptens langer Geschichte kam es zu dunklen »Zwischenzeiten« voller Kriege, Chaos und Not. Wann immer der Hunger am größten war, wüteten die Grabräuber am heftigsten. Zeitweise war die ganze Arbeitersiedlung an den Diebstählen beteiligt. Priester versuchten damals, das ewige Leben der Pharaonen zu retten: Sie ließen beraubte, halb zerstörte Mumien neu

Im Dörfchen Qurna lebten Ende des 19. Jahrhunderts berüchtigte Grabräuber: die Familie Abd-er-Rassoul. Als aber verdächtig viele Pharaonenschätze auf dem antikenmarkt auftauchten, wurde die Familie verhaftet.

Noch vor etwa hundert Jahren konnten Touristen Mumien kaufen – und unter der Hand Fundstücke aus alten Gräbern. Auch Eroberer wie Napoleon und frühe Forscher nahmen Schätze einfach mit. Die liegen dann heute in Museen in Paris, London und Berlin.

KOSTBARES SAMMELGRAB

Ramses II. fand keine Ruhe: Mehrfach betteten Priester seine Mumie um, um sie vor Dieben zu schützen. Schließlich versteckten sie die Mumie in einem königlichen Sammelgrab. Bloß: Das wurde ausgerechnet von der Räuberfamilie Abd-er-Rassoul entdeckt … Viele Kostbarkeiten sind verschwunden.

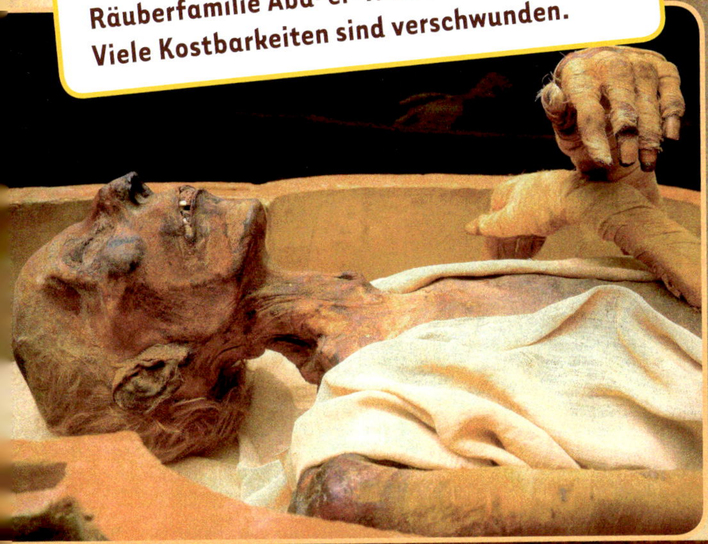

wickeln. Und dann versteckten sie diese in großen Sammelgräbern. Was für ein Chaos für die Forscher von heute! Da liegt dann eine Mumie mit der Aufschrift »Amenophis III.« in einem Sargunterteil, auf dem »Ramses III.« steht – verschlossen mit einem Deckel von »Sethos I.«!

Was aber ist mit den Grabräubern geschehen, die vor 3000 Jahren in Sebekamsafs Totenkammer eingedrungen sind? Sie werden zitternd den Richterspruch erwartet haben. Der Papyrus verrät es nicht: Doch wahrscheinlich sind sie zum Tode verurteilt worden. Es war einfach ein schreckliches Verbrechen, die Toten zu bestehlen – weil sie für die Ägypter ja weiterlebten …

Flackernde Elektrofunzeln – und ein leerer Sarkophag: Auch dieses Grab bei Sakkara ist von Räubern nicht verschont worden. Die Mumie ist wohl ebenso gestohlen worden wie die kostbaren Grabbeigaben.

Große Klappe

EIN GNADENLOSER JÄGER

Nilkrokodile können ganze Wochen ohne Nahrung auskommen. Doch dann lauern sie im Wasser auf Beute. Ihre Opfer ziehen sie nach unten, ertränken sie – und reißen dann ruckartig Fleischstücke aus ihnen heraus … Mit ihren Kiefern können Krokodile nämlich nur zupacken, nicht kauen.

Im alten Ägypten wurde das Nilkrokodil als Gottheit verehrt. Dann galt es lange als ausgestorben. Doch seit wenigen Jahrzehnten gibt es wieder Krokodile in Ägypten, im Nasserstausee. Auch wenn die Riesen dort weiterhin um ihre Haut fürchten müssen … Die ist nämlich leider sehr, sehr kostbar!

Unruhig schlurft die Krokodilmutter hin und her: Vor eineinhalb Monaten hat sie ihr Nest gegraben – hier, am sandigen Ufer des Nasserstausees. Einen halben Meter tief hat sie etwa 30 Eier gebettet … ein Leckerbissen für Warane oder Marabus! Doch sie hat all die Nesträuber vertrieben. Und jetzt wartet sie darauf, dass ein helles Quäken aus dem Sand nach oben dringt: Hilfe! Bitte ausbuddeln! Wir sind bereit für unser erstes Bad im Nil!

Durch den Assuanstaudamm (Foto oben) ist der fruchtbare Nassersee entstanden. Dort haben sich die Krokodile vermehrt. Zu ihren alten Revieren weiterschwimmen, den ganzen ägyptischen Nil besiedeln – das können sie aber nicht: Der Damm lässt sie ja nicht durch.

Dass hier in Ägypten wieder Krokodilbabys zur Welt kommen, ist eigentlich ein Wunder. Nilkrokodile leben in vielen Ländern Afrikas. Doch ausgerechnet am Nil galten sie als ausgestorben. Ihre Rettung kam zufällig, durch den Assuanstaudamm, den Ägypten in den 60er-Jahren gebaut hat. Wie ein Riegel stoppt er den Nil und lässt nur die gewünschte Wassermenge durchfließen. Hinter ihm hat sich der Nassersee gestaut: Voll mit fruchtbarem Schlamm, der ja durch den Damm nicht weiter konnte. Bald gab es hier Fische, Vögel – und irgendwann Krokodile. Wahrscheinlich sind sie vom südlichen Nil her eingewandert, aus Ländern wie Burundi oder Ruanda.

* RIESENECHSE MIT KLEINEM FREUND

Der Krokodilsvater liegt faul am Ufer in der Sonne. Er wiegt beinahe eine Tonne und ist sechs Meter lang. Die Augen hat er halb geschlossen – doch sein Maul ist weit aufgesperrt. Was für furchterregende Zähne! Nur ein Vögelchen namens »Krokodilwächter« hat keine Angst: Es flattert zwischen den enormen Kiefern umher und pickt nach Blutegeln und Wasserschnecken. Zahnputzservice für Riesenechsen!

Manche heilige Krokodile wurden nach ihrem Tod mumifiziert und bestattet, als wären sie Menschen. Diese Mumie stammt aus dem 1. Jahrhundert nach Christus.

Reifen die Eier bei niedrigerer Temperatur, schlüpfen Weibchen, bei höherer Temperatur Männchen. Krokodilbabys sind anfangs so lang wie eine Salatgurke – und völlig unbeholfen.

Das Nilkrokodil gehört zu den wenigen Krokodilarten, die sogar Menschen angreifen und töten. Kein Wunder, dass schon die alten Ägypter große Ehrfurcht hatten. Sie verehrten im Krokodil den mächtigen Gott Sobek. Sogar eine Stadt haben sie nach ihnen benannt: Krokodilopolis. In den Tempeln verwöhnten Priester Krokodile mit Wein, Fleisch und Honigkuchen und schmückten sie mit goldenen Ringen und Edelsteinen.

So gut wie damals geht es den Krokodilen längst nicht mehr: Heute wollen ihnen Jäger ans Leder, um aus ihrer Haut Luxustaschen und Schuhe zu machen. Und die Fischer vom Nassersee schimpfen, die Krokodile würden ihnen zu viele Fische wegfressen. Dabei vertilgen sie auch Kleingetier und Aas und halten so den See sauber – und viele Fischarten können nur in sauberem Wasser überleben!

Einträchtig sitzen sie da – der krokodilsköpfige Gott Sobek und Pharao Amenophis III. Mit der Verehrung ist es längst vorbei: Heute ist der Mensch der größte Feind der Nilkrokodile.

* BABYALARM AM NASSERSEE

Aber halt … War da nicht was? Ist da nicht endlich was aus dem Sand zu hören? Vorsichtig gräbt die Krokodilmutter mit ihren Hinterbeinen. Da! Eine Mulde voller Eier! Die ersten Schalen brechen. Krokodilbabys strecken ihre winzigen Schnauzen heraus, befreien sich mühsam mit ihren Klauen. Vorsichtig trägt die Mutter sie in ihrem Maul ins nahe Wasser. Bald darauf plantschen sie munter am seichten Ufer des Nassersees. Gold und Honigkuchen können ihnen gestohlen bleiben! Aber ein Fleckchen, um in Ruhe zu leben – das hätten Ägyptens Nilkrokodile auch heute noch verdient!

Wissenswertes und Kurioses

→ Ägyptische Ärzte waren auf Zack: Sie konnten Wunden nähen, gebrochene Knochen schienen … Und Zahnlöcher füllten sie mit einer Masse aus »Abgeriebenem vom Mühlstein«, Ocker und Honig.

→ Die Archäologen schütteln den Kopf. Aber einige Menschen glauben tatsächlich, dass Außerirdische beim Pyramidenbau geholfen haben …

→ Was für ein Reichtum: Tutanchamuns dritter und letzter Sarg war aus massivem Gold – und wog 110 Kilogramm!

→ Die Ägypter liebten Bier – obwohl es eine schleimige, dicke Gerstenbrühe war. Getrunken wurde es mit einer Art Strohhalm. Manchmal wurden die Arbeiter sogar mit Bier bezahlt.

GANZ SCHÖN EITEL

Ägyptische Männer haben fast genauso tief in den Schminktopf gegriffen wie die Frauen. Kajal und Lidschatten? Immer her damit! Mit schwarzen, grünen und blauen Pasten haben die Ägypter die Augen umrandet und einen Lidstrich bis zu den Schläfen gezogen. Das galt als schön, und die dunkle Farbe schluckte Sonnenlicht und erleichterte so das Sehen. Wimpern und Augenbrauen färbte man mit Kohlenpulver, das mit Schafsfett vermischt war. Für Wangen und Lippen gab's Ockerpulver. Und gegen Mundgeruch halfen Pastillen aus Bockshornkleesamen …

!!! Achtung Dromedar !!!

Dieses Warnschild kann nicht antik sein: Heute sind Dromedare zwar kaum mehr aus Ägypten wegzudenken – doch zur Zeit des Pyramidenbaus hat es sie dort noch nicht gegeben. Sie kamen erst später mit westarabischen Kriegern ins Land. Dafür haben sich im Laufe der Jahrhunderte andere Tierarten zurückgezogen, die früher verbreitet waren – Nilpferde, Elefanten und Giraffen etwa. Schade: Sonst gäb's heute noch mehr lustige Straßenschilder!

Die spannendsten Funde machen Archäologen derzeit nicht bei echten Ausgrabungen – sondern im Keller des Ägyptischen Museums in Kairo. Das besitzt derart viele Schätze, dass jahrzehntelang einfach Statuen, Mumien und Töpferware in den verwinkelten Keller gestopft wurden – oft ohne aufzuschreiben, was das eigentlich war. Mehrfach haben Museumsmitarbeiter kostbare Stücke nicht mehr gefunden, als die für eine Ausstellung ans Tageslicht sollten. Die neue Direktorin hat also beschlossen: Endlich aufräumen und putzen!

ORIGINAL UND FÄLSCHUNG

Ups, wo sind wir hier gelandet? Der Sphinx hat plötzlich Laseraugen? Und die Pyramide ist aus schwarzem Glas? Kein Wunder: Die Spielerstadt Las Vegas leistet sich ihr eigenes Neubau-Ägypten – das »Luxor«, drittgrößtes Hotel der Welt. Ins Restaurant schippern Gäste mit einem Nilboot. In den Gängen stehen Tempelfronten. Sogar Tutanchamuns goldenes Grab wurde nachgebildet. Bloß: Wirklich echt wirkt das trotzdem nicht! Soll es wohl auch kaum – sonst hätte man keine Klimaanlage eingebaut, sondern heiße Wüstenwinddüsen. Und vor allem hätte man dem Sphinx nicht eine Stupsnase verpasst – ist sie doch am Original längst abgebröselt …

NEUMODISCH UMWICKELT

Mumien hat's nur im alten Ägypten gegeben? Von wegen: Ein Amerikaner bietet den Service noch heute an, für Menschen und ihre Haustiere. Und er behauptet, dass seine Mumien nicht nur ewig halten, sondern auch rosig, weich und frisch bleiben. Im Gegensatz zu den Ägyptern trocknet er die Körper nicht, sondern legt sie in ein Chemiebad mit Konservierungsstoffen. Anschließend umwickelt er sie mit Gaze und versiegelt sie mit Fieberglas. Er hat sogar einen modernen Mumiensarg aus Bronze oder Stahl entwickelt. 120 Tage dauert die Verwandlung. Die Kunden melden sich schon zu Lebzeiten an. Vielleicht müssen sie dann auch anfangen zu sparen: Das Ganze kostet für Menschen rund 50 000 Euro …

Galerie der Pharaonen

Sie galten als Abkömmlinge der Götter, bauten Tempel, Paläste und atemberaubende Gräber. Und manche von ihnen herrschten gut, andere grausam über Ägypten: die Pharaonen – und die Pharaoninnen. Denn schließlich schafften es auch einige wenige, aber berühmte Frauen auf den Thron. Wie hießen die wichtigsten Herrscher, wann lebten sie und warum sind sie auch tausende Jahre später noch von Bedeutung? Die Pharaonen-Galerie gibt Auskunft ...

CHEOPS / CA. 2604 – 2581 V. CHR.

HATSCHEPSUT / CA. 1479 – 1458 V. CHR.

Cheops – der maßlose Bauherr

Sie gilt bis heute als Weltwunder – und das zu Recht: Die Pyramide von Cheops ist die größte und berühmteste der Welt. 2,3 Millionen Steinblöcke hat Cheops aufeinanderschichten lassen, 146 Meter hoch, 230 Meter breit. Kein Pharao hat ihn jemals übertroffen. Über Cheops' Herrschaft gibt es wenige Zeugnisse. Bloß der römische Geschichtsschreiber Herodot erzählt, dass Cheops grausam war und sein Volk mit dem maßlosen Pyramidenbau ins Elend trieb. Er soll sogar seine Tochter zu niederen Diensten gezwungen haben, um so an Geld zu kommen … Aber Herodot hat diese Behauptungen mehr als 2000 Jahre nach Cheops' Leben aufgeschrieben – und so zweifeln die Experten, ob sie tatsächlich stimmen.

In seiner Pyramide wollte Cheops ewig leben – doch sie wurde geplündert …

Hatschepsut – eine Frau auf dem Pharaonenthron

Eigentlich sollte Hatschepsut nur den Thron verwalten, bis ihr Stiefsohn älter war. Mehr stand Frauen damals nicht zu: Nur Männer konnten »Söhne der Sonne« sein – und damit Pharaonen. Doch Hatschepsut regierte brillant. Und so widersetzte sich niemand, als sie sich doch zur Pharaonin krönen ließ. 15 bis 20 Jahre dauerte ihre Herrschaft, und sie brachte dem Land Frieden und Wohlstand. Allerdings ließ Hatschepsut sich immer männlicher darstellen, ihre Statuen wurden immer kantiger, letztlich sogar mit Bart und Männerkleidern. Als einzige Frau hat sie sich auch im »Tal der Könige« bestatten lassen – zu Recht, würden wir heute sagen: Sie war schließlich eine der größten Herrscherinnen der ägyptischen Hochkultur.

Auch beim Bauen stand sie den Männern nicht nach: Hatschepsuts Totentempel in Theben.

Ramses II. – der große Herrscher

»Sonne aller Länder« ließ er sich nennen – oder auch »Gebirge aus Gold«. Bescheiden war Ramses der Große also nicht. Aber warum sollte er auch? In seiner 66 Jahre langen Amtszeit war Ägypten so mächtig wie kaum je zuvor. Mit erfolgreichen Kriegen dehnte Ramses sein Reich aus – und schmückte es dann mit neu erbauten Städten, riesigen Statuen und prunkvollen Tempeln wie Abu Simbel. Als Pharao hatte er neun Hauptfrauen, und mit ihnen 40 Töchter und 45 Söhne. Ramses' Mumie wurde schon im Altertum mehrfach aus Angst vor Grabräubern umgebettet. Was wir sonst noch von ihm wissen? Er hatte rote Haare – und Segelohren!

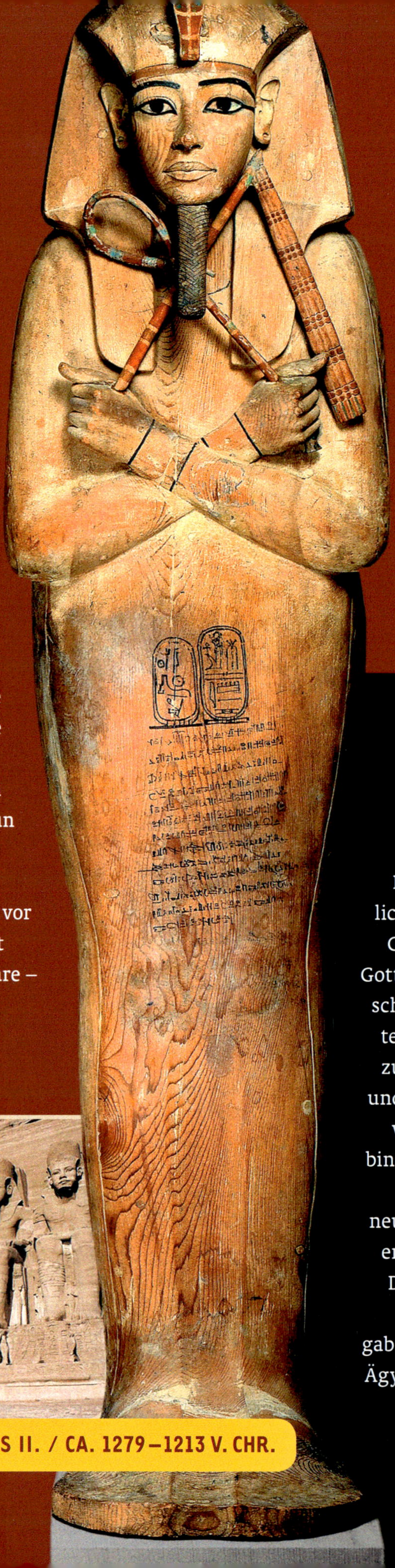

Ein prächtiger Sargdeckel von Ramses. Heute liegt der große Pharao im Ägyptischen Museum in Kairo.

Gleich vierfach setzte sich Ramses als Riesenwächter vor seinen Tempel in Abu Simbel

RAMSES II. / CA. 1279–1213 V. CHR.

Echnaton – der Revolutionär

Pharao Echnaton wagte das Ungeheuerliche: Er beschloss, die vielen ägyptischen Götter abzuschaffen und nur noch einen Gott verehren zu lassen – Aton, die Sonnenscheibe. Damit machte er sich all die Priester, die mehreren Göttern gedient hatten, zu Todfeinden. Das Volk musste Echnaton und seine Gemahlin Nofretete anbeten, die von sich sagten, dass sie als Einzige Verbindung zum Sonnengott hätten. Echnaton ließ für seinen Religionskult sogar eine neue Hauptstadt, Achetaton genannt, bauen. Für Politik interessierte er sich kaum. Das Volk war unzufrieden, das Reich begann zu bröckeln. Nach Echnatons Tod gab es bald eine Gegenrevolution – und die Ägypter verehrten wieder die alten Götter.

Kleopatra – die letzte Pharaonin

Kleopatra liebte Macht – und mächtige Männer. Mit Hilfe des römischen Feldherrn Julius Caesar stürzte sie ihren Bruder vom Thron und wurde selbst Pharaonin. Kleopatra war schön, klug und verschwenderisch. Sie begann eine Liebschaft mit Caesar und gebar ihm sogar einen Sohn. Doch Caesar wurde ermordet – und in den Wirren danach entschied sich Kleopatra für die Seite des mächtigen Marc Anton und wurde auch dessen Geliebte. Doch letztlich gewann Marc Antons Rivale den Machtkampf und schlug die ägyptischen Heere vernichtend. Daraufhin tötete sich Marc Anton mit dem Schwert, Kleopatra brachte sich mit einem Schlangenbiss ums Leben. Sie war die letzte Pharaonin: Ägypten wurde nun zur römischen Provinz.

KLEOPATRA / 69 V. CHR.–30 V. CHR.

Die Schöne und der Römer: Caesar und Kleopatra waren das Traumpaar der Antike, aber nur für kurze Zeit.

ECHNATON / CA. 1351–1334 V. CHR.

Echnatons Gattin Nofretete. Ihre weltberühmte Büste ist in Deutschland zu sehen – im Ägyptischen Museum in Berlin.

Cheti und die

WER SCHREIBEN KANN, HAT AUSGESORGT

Ägyptische Schulen gehörten oft zu den Amtsstuben des Pharaos oder zu Tempeln. Zum Schreiben hatten die Schüler Holztäfelchen oder Keramikscherben, sogenannte Ostraka. Und Lesen übten sie im Chor.

Schreiberschule

Über die Pharaonen ist viel erhalten. Aber wie haben eigentlich normale Kinder gelebt? Und vor allem: Sind sie damals gerne zur Schule gegangen? Der junge Cheti hatte anfangs ziemlich Bammel ...

Ab morgen würde alles anders werden – das wusste Cheti. Morgen würde er erstmals in die Schule gehen, um Schreiber zu werden. In Ägypten konnten sich die Wenigsten ihre Berufe aussuchen: Auch Chetis Vater und Großvater waren Schreiber. »Das ist ein guter Beruf! Du musst fleißig sein!«, hatte ihm die Mutter eingeschärft. Cheti wusste, dass er dankbar sein sollte. Fast nur Söhne der reicheren Oberschicht gingen zur Schule.

* URALTER ZEITVERTREIB

»Aber wer weiß, wie oft ich noch hierher zum Spielen kommen kann?«, dachte Cheti missmutig, während er zum Kanal hinunterschlenderte. Wie viele Nachmittage hatte er hier mit Schwimmen verbracht! Oder mit Ringkämpfen und Wettläufen! Die Kinder in Ägypten spielten ganz ähnlich wie heute. Archäologen haben Bälle aus Stoff und Leder gefunden. Es gab Kreisel, Klappern, Puppen und sogar Puppenmöbel. Um Chetis Beine wedelte kläffend sein kleiner Mischling: Viele Familien hatten Hunde, Katzen und Vögel als Haustiere. Für die meisten ägyptischen Kinder war es normal, dass sie nackt und barfuß herumliefen. Die Haare trugen sie kurz geschoren. Nur rechts am Kopf blieb eine lange Strähne hängen, die »Jugendlocke«. Bis etwa zum zehnten Geburtstag hatte die fast jeder.

* STRENGE LEHRER – UND VIEL ZU LERNEN

»Kleiner, was ist los? Hast Du Angst vor der Schule?« Chetis älterer Bruder war aufgetaucht. »Ein bisschen«, sagte Cheti. »Hast Du nicht erzählt, dass der Lehrer euch mit einer Rute schlägt? Und wie soll ich je die vielen Schriftzeichen beherrschen?« »Vielleicht gefällt Dir dafür Mathematik«, tröstete ihn der Bruder. Die war ebenfalls wichtig – damit die Schüler später zum Beispiel Ernten für die Steuer berechnen konnten. »Es geht streng zu«, sagte der Bruder. »Aber würdest Du lieber Geflügel hüten? Und nachmittags hast Du doch weiter Zeit zum Spielen und Schwimmen. Auf! Wer als Erster im Kanal ist, hat gewonnen!«

Die Holzpuppe ist mehr als 3000 Jahre alt. Geschickte Eltern haben auch Krokodile und Leoparden geschnitzt, die ihr Maul aufreißen und mit dem Schwanz wedeln konnten. Dazu kamen Spiele wie Bockspringen, Huckepack und Tauziehen.

Ob alt oder jung: Ägypter liebten das Brettspiel »Senet«. Diese Luxusversion gehörte Tutanchamun.

Schreiberkästchen aus dem »Neuen Reich«. Für schwarze Tinte mischte der Schreiber Ruß und Wasser. Bevor er den Stift ansetzte, verspritzte er einen Tropfen als Opfer an den Schreibergott Thot.

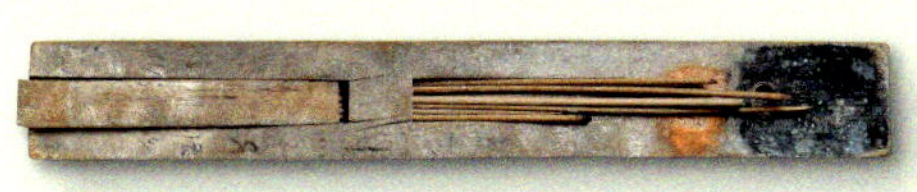

Abenteuerspielplatz: Labyrinth

Eigentlich sollte in Balahs Viertel bloß eine Straße gebaut werden. Doch dann haben die Arbeiter beim Graben eine riesige, jahrtausendealte Totenstadt entdeckt. Baustopp! In Alexandria passiert das ständig: Schließlich stand hier schon im Altertum eine hoch entwickelte Großstadt. Balah findet die Entdeckung toll: Jeden Nachmittag klettert der 6-Jährige jetzt durch das uralte Labyrinth, spielt Verstecken in den Grabkammern, genießt die Kühle hier unten, während oben die ägyptische Sonne brennt … Aber seit Kurzem will Balah jedoch vor allem eins: Archäologe werden wie sein neuer Freund Jean-Yves Empereur. Der französische Experte wird in Alexandria immer gerufen, wenn die Bulldozer auf antike Baureste unter der Erde gestoßen sind. Dann hat er wenige Monate Zeit, um zu retten, was zu retten ist … Immerhin: In dieser alten Totenstadt hat er große Hilfe. Schließlich kennt sich hier unten niemand so gut aus wie der kleine Balah!

Im Licht von Taschenlampen bewundern Balah und ein Archäologenteam die unterirdische Totenstadt.

Vielen Familien reicht das Geld nicht – daher müssen auch die Kinder schuften. Erlaubt ist das zwar nicht, doch die Behörden greifen selten ein.

An die Arbeit, Kinder!

Fürs Foto grinsen die drei Freunde – doch eigentlich haben sie wenig zu lachen: Anstatt zur Schule zu gehen, schuften sie in einer Tontöpferei. Dem kleinen Mädchen geht's nicht besser: Mühsam lenkt es seine Eselskarre durch die Straßen von Kairo.

Rund zwei Millionen Kinder zwischen 6 und 14 Jahren müssen in Ägypten arbeiten – obwohl das offiziell verboten ist. Aber viele Familien sind zu arm, um nur vom Gehalt der Eltern zu leben, erklärt das Kinderhilfswerk UNICEF. Also müssen auch die Jüngsten ran: Oft bis zu zwölf Stunden täglich! Mädchen putzen häufig in Privathaushalten oder helfen als Verkäuferinnen; Jungen arbeiten in vielen kleinen Werkstätten als Mechaniker oder Schweißer. Ganz schön gefährlich – und oft passieren Unfälle. Vor allem aber gehen die Kinder nicht regelmäßig zur Schule. Deshalb haben sie auch als Erwachsene kaum eine Chance, eine gute Arbeit zu finden … und so werden sie vielleicht wieder die eigenen Kinder in eine Töpferwerkstatt schicken.

Jahrhundertelang waren sie unverständlich wie ein Geheimcode: Hieroglyphen, die heiligen Schriftzeichen der Ägypter. Die Menschheit hatte schlicht verlernt, die Bilderschrift zu lesen. Doch dann begann ein Wettstreit der Gelehrten. Und alle wollten nur das Eine: Als Erster die Hieroglyphen wieder zum Sprechen zu bringen!

Das Rätsel der

Er galt als Wunderkind und Sprachgenie – und wollte nichts sehnlicher, als die Hieroglyphenschrift verstehen: Der Franzose Jean-François Champollion (1790–1832).

Die Tür öffnete sich mit einem Knall. Herein stürzte ein ausgemergelter junger Mann. »Ich habe es geschafft!«, brüllte er heiser. »Hörst Du, ich habe es geschafft!« Dann brach er ohnmächtig zusammen. Es war der Sprachwissenschaftler Jean-François Champollion, der derart aufgewühlt ins Büro seines Bruders gestürmt war. Und der verstand sofort: Champollion hatte die ägyptischen Hieroglyphen entschlüsselt – und so endlich das jahrhundertealte Geheimnis geknackt!

* KAMPF UM RUHM UND EHRE

Mit dem Untergang des Pharaonenreichs hatten die Menschen verlernt, die Bilderschrift zu lesen. Doch zu Lebzeiten Champollions, etwa achtzehn Jahrhunderte später, war ein richtiger Wettstreit entbrannt: Mehrere Gelehrte versuchten, den Geheimcode zu knacken und als Wieder-

alten Bilderschrift

→ UNENDLICHE VIELFALT

Wie ein antiker Comic sehen Hieroglyphen aus – mit Bildern von Geiern, Augen und Wellen, von Schlangen, Armen oder Männern am Gehstock. Es gibt Fahnenstangen, ja sogar Kuhohren und unzählige Kringel und Haken. Insgesamt sind es etwa 800 verschiedene Zeichen.

Hieroglyphen und ihre Bedeutung

LESEN JA – SPRECHEN NEIN!

Wir wissen heute, was die Hieroglyphen bedeuten – aber nicht wirklich, wie die Wörter ausgesprochen wurden. Denn leider haben die Ägypter keine Vokale verwendet …

Für alltägliche Dinge nutzten die Schreiber vereinfachte Schreibschriften. Hieroglyphen waren heilige Zeichen und standen vor allem auf Monumenten, Gräbern und Tempeln.

HIEROGLYPHE	BEDEUTUNG	AUSSPRACHE
	Geier	a
	Schilfblätter	i oder j
	Bein	b
	Viper	f
	Eule	m
	Wasser	n
	Mund	r
	Türriegel	stimmhaftes s
	Sandböschung	k *(hinten im Gaumen gesprochen)*
	Korb	k
	Brotlaib	t
	Hand	d
	Sonnenaufgang	ha *(ausgesprochen wie cha)*
	Löwe	rw bzw. ru *(wird bei unägyptischen Wörtern auch als Laut L benutzt)*
	Binse	sw bzw. su
	Korb	neb
	Brunnen	hem
	Auge	ir
	Pflug	mer
	Sonnenscheibe	ra
	Anch-Symbol	anch

entdecker der Hieroglyphen berühmt zu werden. Damals war Ägypten nämlich plötzlich in Mode: 1798 war der französische Feldherr Napoleon dort einmarschiert – mit seinem Heer und neugierigen Forschern. Ungläubig standen sie vor den Pyramiden, schleppten Statuen und andere Kostbarkeiten zurück nach Frankreich. Doch der wichtigste Fund war wohl der »Stein von Rosette«.

* DER ENTSCHEIDENDE SCHLÜSSEL

Heute steht der Stein im British Museum in London, und die Besucher drängen sich, um einen Blick zu erhaschen. Er ist ein dunkelgrauer Brocken, hüfthoch und eine dreiviertel Tonne schwer. Das Besondere sind aber seine winzigen Schriftzeichen: Ganz oben drängen sich die heiligen Hieroglyphen. Darunter steht ein Absatz in demotischer Schrift – im späten Ägypten die vereinfachte Schreibform fürs Volk. Im dritten Absatz wiederholt sich der Text – aber diesmal auf Griechisch! Und diese Sprache beherrschten die Forscher natürlich. Jetzt müsste man nur noch den griechischen Wörtern die entsprechenden Hieroglyphen zuordnen und das Ganze übersetzen. Oder etwa nicht?

* GELEHRTES RÄTSELRATEN

Natürlich war alles viel, viel komplizierter – und das merkte auch bald der arme Champollion. Eigentlich hatte er die besten Voraussetzungen für diesen Wettstreit: Er konnte Latein, Griechisch, Arabisch, Hebräisch, Chinesisch, Koptisch und mehrere andere Sprachen. In der Schule galt er als Wunderkind. Schon mit 16 hielt er erste Vorträge. Mit 18 wurde er Assistenzprofessor. Aber Champollion war auch ein Eigenbrötler – und manchmal war er ziemlich arrogant. Über die Entzifferungsversuche eines Konkurrenten schrieb er, sie taugten »nicht mehr als das Wasser in der Blutwurst«. Aber auch Champollion konnte viele Jahre lang die Vögel, Wellen und Häkchen nicht deuten … Bis er endlich einen Abdruck des »Steins von Rosette« im schummerigen Bibliothekslicht betrachtete.

* WOFÜR STEHT DIE EULE?

In unserem ABC stellt jeder Buchstabe einen Laut wie »p« oder »l« dar. Aber bei den Hieroglyphen konnte das nicht auch so sein: Dafür gab es viel zu viele Zeichen! Champollion prüfte eine andere Möglichkeit: Steht vielleicht jedes Hieroglyphenbild für ein ganzes Wort? Heißt die gemalte Eule schlicht »Eule« und ein gemalter Mund schlicht »Mund«? Aber der Text des Rosette-Steins bestand aus 486 griechischen Wörtern – und aus fast drei Mal so vielen Hieroglyphenzeichen! »Das müssten doch ungefähr gleich viele sein!«, murmelte Champollion erbost. Dann hielt er inne: Was war, wenn die schlauen Ägypter beide Systeme gemischt haben?

Napoleons Ägyptenfeldzug war militärisch ein Reinfall. Auch der kostbare »Stein von Rosette« fiel an die siegreichen Engländer und landete im British Museum. Bei einem Orientalistenkongress im Jahr 1874 (Bild unten) bewunderten ihn dort zahlreiche Gelehrte.

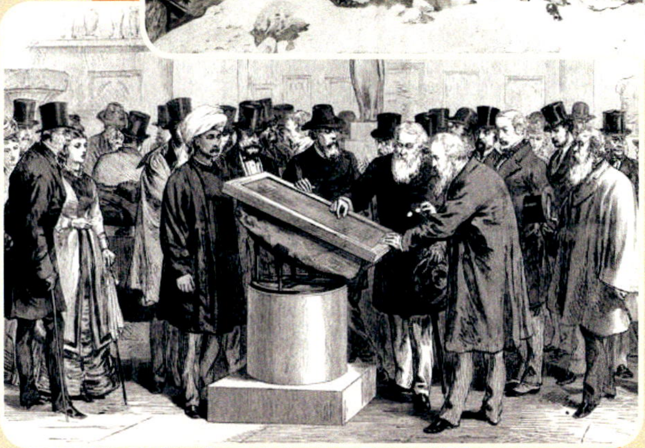

Auf dem »Stein von Rosette« ist eigentlich nur ein schnöder Regierungserlass eingemeißelt – aber in verschiedenen Schriften. So ließen sich erstmals Hieroglyphen entschlüsseln.

Champollion arbeitete Tag und Nacht. Wenn ihm bloß kein Konkurrent den Triumph vor der Nase wegschnappte! Schließlich hatten sie alle einen Abdruck vom »Stein von Rosette« … Es war der 22. September 1822, als Champollion endlich überzeugt war, das Geheimnis gelöst zu haben – und im Büro seines Bruders vor Erschöpfung zusammenbrach. Fünf Tage lang musste er das Bett hüten. Dann trat er vor den Pariser Gelehrten zum Vortrag an. Die Herren hörten, staunten und manche ärgerten sich unheimlich: Champollions Erklärungen waren zwar noch nicht perfekt, aber im Wesentlichen hatte er das Rätsel gelöst.

* EINE GENIALE LÖSUNG

Die Hieroglyphenbildchen können tatsächlich dreierlei bedeuten. Erstens: Sie können einfach für Laute stehen, genau wie unsere Buchstaben. Ein gemaltes Bein steht also für »b«, eine Hand für »d«. Anders als im Deutschen gibt es aber viele Hieroglyphen, die gleich mehrere Buchstaben darstellen: Das Auge steht also für »ir«, das Kuhohr für »sḏm« (sprich: sedschem). Zweitens: Hieroglyphen können Dinge darstellen. Das gemalte Auge kann auch schlicht »Auge« heißen, ein Stern einfach »Stern«. Am ungewöhnlichsten ist die dritte Bedeutung: Hieroglyphen können nämlich auch wie kleine Hinweisschilder in einem Text stehen. Sie helfen dann, dass man die vorherigen Zeichen richtig versteht. So kann hinter einem Namen zum Beispiel ein kleiner Mann gezeichnet sein, und das heißt dann: »Achtung, das hier ist ein Männername!« Oder hinter einem Städtenamen ist das Symbol für einen Sandhügel gemalt; das ist das Hinweisschild für »Diese Stadt liegt im Ausland«.

→ WIE BEIM RÄTSEL-RATEN!

Hieroglyphen zu lesen, ist knifflig: Es gibt keine Groß- und Kleinschreibung, keine Punkte und Kommas, und die Texte können von oben nach unten geschrieben sein, aber auch von links nach rechts und umgekehrt. Ein hilfreicher Trick: Die Tiere blicken immer in die Richtung, aus der man lesen muss.

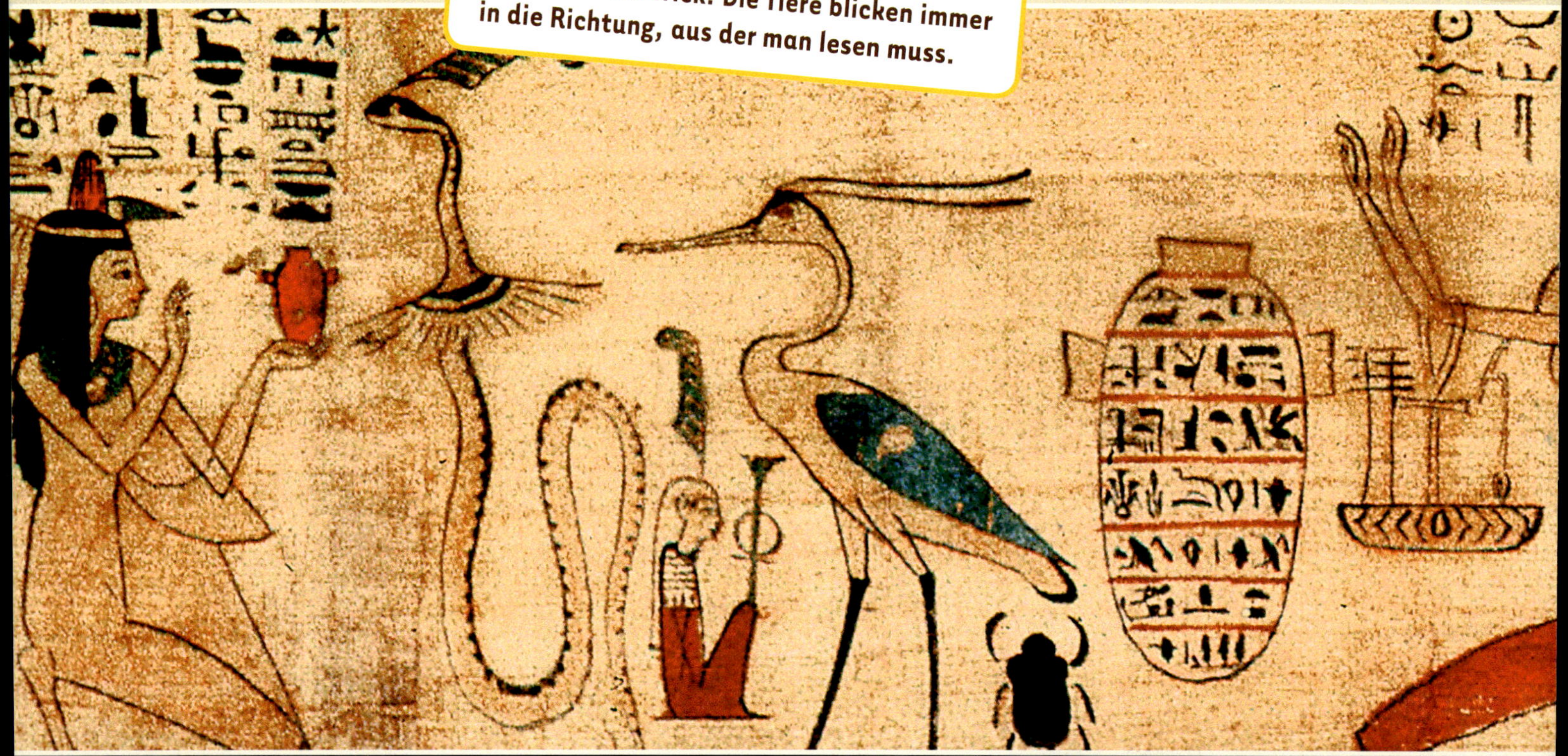

Champollion hatte sich noch viel vorgenommen – und starb dann schon im Alter von 42 Jahren.

Woher erkennt man nun, ob ein Hieroglyphenauge »Auge« heißt oder »ir« oder vielleicht noch etwas anderes? Da hilft nur grübeln. Und es kommt noch schlimmer: Die Ägypter schrieben bis auf wenige Ausnahmen keine Vokale. Sie ließen auch keinen Abstand zwischen Wörtern, kannten keine Satzzeichen, keine Groß- und Kleinschreibung. »Dann ist das Lesen ziemlich schwierig« hieße also »dnnstdslsnzmlchschwrg«.

* ENDLICH BEI DEN PHARAONEN

Doch Champollion konnte so tatsächlich Texte übersetzen. Sechs Jahre später hatte er genug reiche Gönner, um endlich selbst nach Ägypten zu reisen – und dort unzählige Inschriften zu kopieren. Fröhlich schrieb er seinem Bruder: »Ich habe Arbeit für ein ganzes Leben mitgebracht.« Doch da täuschte sich Champollion: Drei Jahre später erlitt er mehrere Schlaganfälle. Am 4. März 1832 ist er gestorben. Bis heute hat Champollion einen Ehrenplatz unter den Ägyptenforschern – als der Mann, der das Geheimnis der Hieroglyphen endlich gelöst hat!

Bei seiner Ägyptenexpedition lebte Champollion mit seinem Forscherteam zeitweise im Grab von Ramses IV. – mitten im Tal der Könige.

Die Ägypter glaubten, dass sie im Jenseits weiterleben würden. Doch dazu musste ihr Körper erhalten bleiben – als Mumie! Etwa 70 Tage dauerte die Verwandlung im »Per-Nefer«, im Haus der Balsamierer, bis ein Toter vorbereitet, getrocknet, gesalbt und in Binden gewickelt war. Eine schwierige Kunst. Und nicht immer appetitlich …

Rauchopfer und Priester: So stellte man sich im 19. Jahrhundert eine königliche Einbalsamierung vor …

In der Werkstatt der

EWIGES LEBEN?

Seit rund 2000 Jahren ruhen diese Toten in einer Wüstenhöhle nahe der Oase Charga. Es waren arme Leute mit einem ärmlichen Begräbnis. Trotzdem sind ihre Körper gut erhalten. Französische Forscher haben sie geröntgt – und dann wieder in die Höhle zurückgelegt.

Balsamierer

Mit etwa 40 Zentimeter langen Bronzehaken entfernten die Balsamierer das Gehirn – meist durch die Nase. Der leere Schädel wurde dann mit einer harzigen Flüssigkeit ausgegossen.

Mumienmasken zeigten den Toten alterslos und göttergleich. Sie waren häufig aus bemalter Leinenkartonage – nur Könige bekamen Masken aus Gold.

Der Schnitt war schnell und sauber: Etwa zwei Handbreit lang in die Bauchdecke des Toten. Dann begannen die Balsamierer, die Eingeweide herauszuziehen. Die 11-jährige Djas schloss die Augen. Nicht dass sie viel gesehen hätte! Sie hatte sich hinter einem Busch versteckt, mit gehörigem Abstand. Ihre Mutter wäre wütend, wenn sie wüsste, dass sie wieder zu den Balsamierern geschlichen war. »Dabei sorgen die nur dafür, dass die Toten im Jenseits weiterleben!«, dachte Djas trotzig.

* EINE HEIMAT FÜR DIE SEELE

Am Anfang der ägyptischen Geschichte wurden Verstorbene einfach im heißen, salzigen Wüstensand begraben. Und dort trockneten sie, anstatt wie überall sonst auf der Welt zu verwesen. Doch die Ägypter wollten ihren Körper immer besser erhalten. Sie glaubten, dass er für ihr ewiges Weiterleben wichtig sei: Ein Teil der Seele, das »Ba«, musste nachts in die Hülle zurückkehren … Und so begann die Herstellung von Mumien.

* DAS HERZ ALS VERRÄTER

Die Balsamierer arbeiteten unter einem Palmblätterdach am Nil, denn sie brauchten viel Wasser, um die Leichen zu waschen. Als Erstes schoben sie dem Toten einen Bronzehaken in die Nase. Ein Stoß – und sie hatten die Knochen zum Gehirn durchbrochen. Das zogen sie mit dem Haken heraus. Die Innereien würden schließlich als Erstes verwesen! Leber, Magen, Lunge und Därme behandelten sie mit Natronsalz und steckten sie in vier steinerne Kanopenkrüge. »Aber was ist mit dem Herzen?«, murmelte Djas besorgt. Für Ägypter war dort der Sitz des Denkens und Fühlens. Also musste das Herz im Köper bleiben – oder als magischer Ersatz ein »Herzskarabäus«. Beim Totengericht würde das Herz

In Kanopenkrügen wurden die Eingeweide aufbewahrt – und von den Söhnen des Gottes Horus beschützt; ihre Köpfe zieren oft die Deckel. Der Skarabäus (rechts oben) hingegen kam in den Körper der Mumie, als magischer Ersatz für das Herz.

dann verraten, ob der Verstorbene Böses getan hatte. Wenn ja, verschlang die »Große Fresserin« das Herz. Dann war's das mit dem ewigen Leben – eine schreckliche Vorstellung!

Djas konnte nicht ahnen, wie oft die Ruhe der Toten gestört wurde: Grabräuber zerfetzten die Mumien auf der Suche nach Gold. Noch bis ins letzte Jahrhundert fehlte zerriebenes Mumienpulver in keiner Apotheke, weil es angeblich Krankheiten heilte. Vor allem aber nahmen früher viele Ägyptenreisende eine Mumie als makabres »Andenken« mit nach Hause …

MUMIEN ALS PARTYGAG

Reiche Ägyptenreisende im 18. und 19. Jahrhundert nahmen oft Mumien mit nach Hause. In Deutschland und England luden sie dann zu »Auswickelpartys« … Dass das mal ein lebendiger Mensch war, schien niemanden zu interessieren!

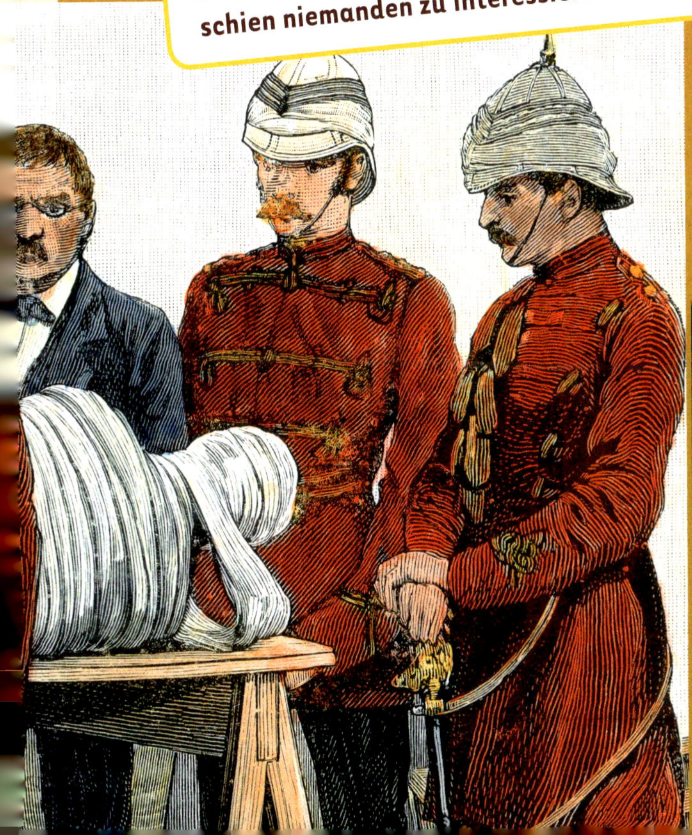

* 40 TAGE BIS ZUR EWIGKEIT

Die Balsamierer hatten den Körper inzwischen mit Natronsalz bedeckt, das ihm alles Wasser entziehen sollte. Nach etwa 40 Tagen Trocknen würden sie den Toten mit duftendem Salböl bestreichen und den Körper mit Sägemehl ausstopfen. Sie würden harzgetränkte Binden um den Körper wickeln und schützende Amulette dazwischenstecken … Und dann fehlte nur noch die kunstvolle Mumienmaske für das Gesicht.

»Djaaa-aas! Wo steckst Du? Du bist doch nicht etwa schon wieder … ?« Aus der Ferne hörte das Mädchen seine Mutter rufen. Schnell zurück ins Dorf! Doch für die Umwicklung der Mumie würde Djas wieder zu den Balsamierern schleichen. Den letzten Schritt Richtung Unendlichkeit – den wollte sie nicht verpassen!

Balsamiertische waren oft in Form eines Löwen. Am Rand hatten sie Rinnen und hinten einen Abfluss.

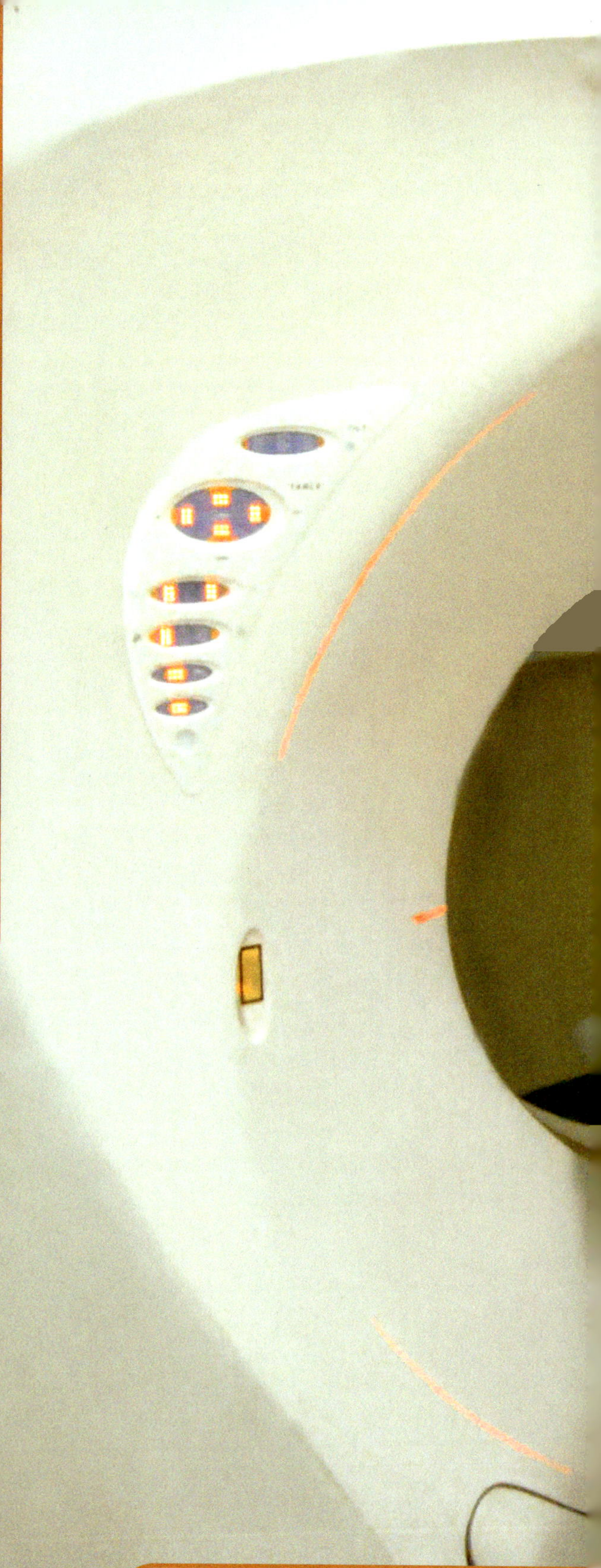

Eine Mumie kommt ins Krankenhaus

Von den meisten Mumien wissen wir wenig. Liegt da eine Frau unter den Binden? Wie alt ist sie? Woran ist sie gestorben? Seit Neuestem können Ägyptologen immer mehr Geheimnisse lüften – mit Hilfe von modernen Apparaten aus der Medizin. Dazu müssen sie die Mumien nicht mal aufschneiden: Auf dem Computerbildschirm sehen sie bis ins Innerste. Und entdecken so manche Überraschung ...

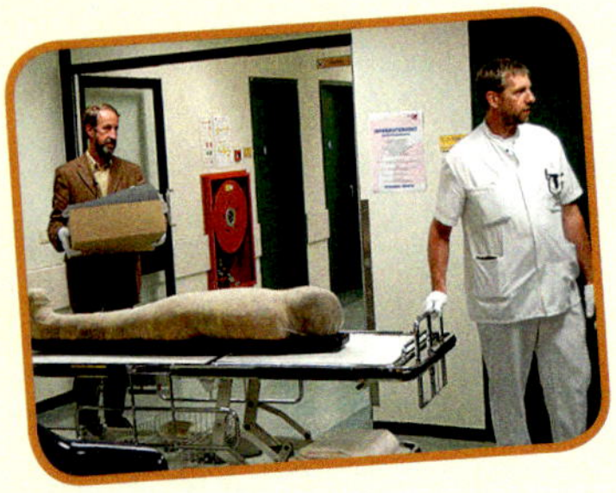

Es ist kein Rettungswagen mit Blaulicht, sondern ein schlichter Kombi, der vor der Amsterdamer Universitätsklinik hält. Die »Patientin« hat's schließlich nicht eilig: Sie ist ja schon seit rund 2800 Jahren tot! Und trotzdem soll sie heute mit den modernsten medizinischen Geräten untersucht werden. Es ist früher Abend, die Krankenhausflure sind leer. »Besser so!«, denkt Dr. Maarten Raven. Der Anblick von Verbänden erschreckt hier zwar niemanden – aber was ist mit einer in Binden gewickelten ägyptischen Mumie?

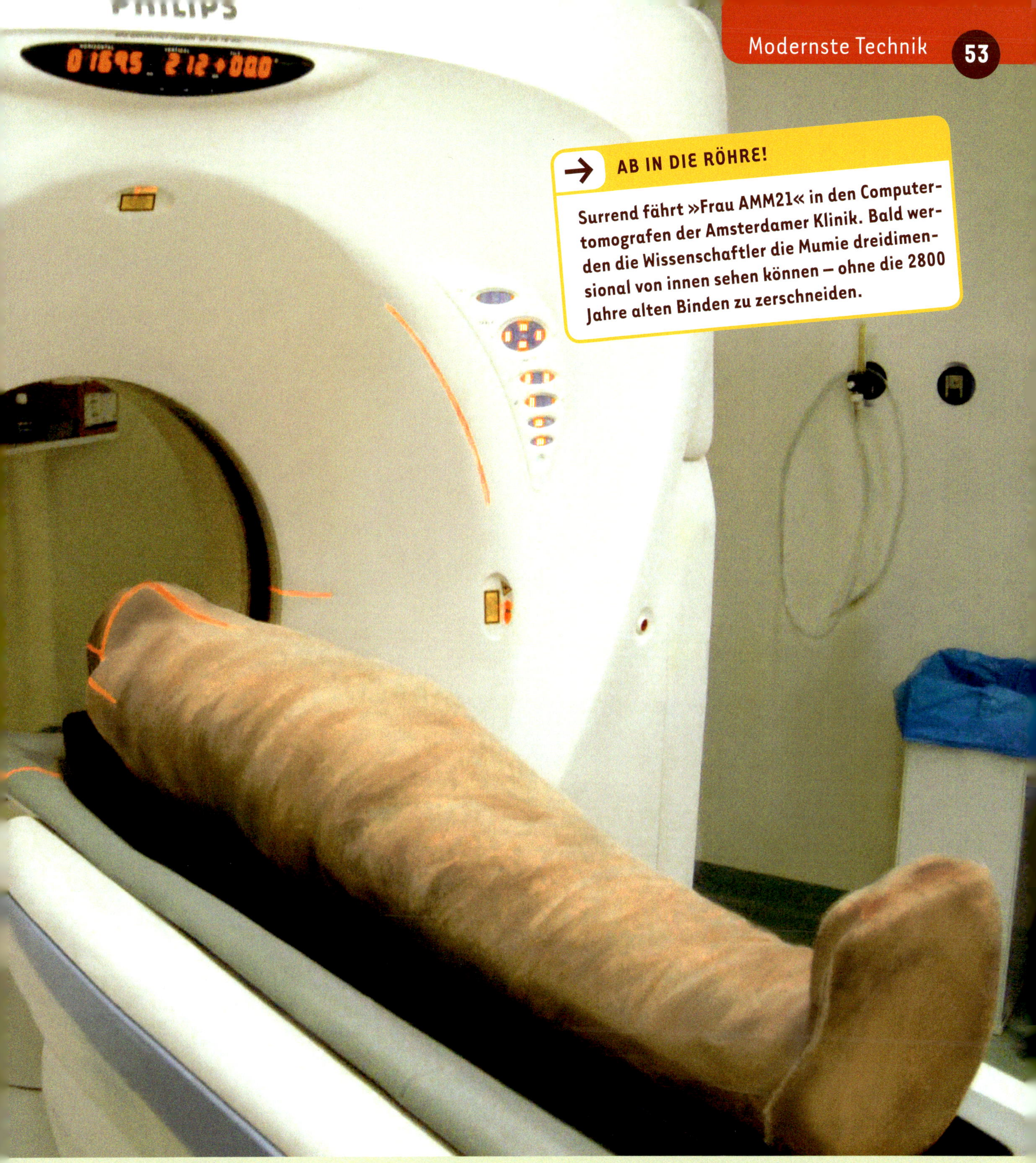

AB IN DIE RÖHRE!

Surrend fährt »Frau AMM21« in den Computertomografen der Amsterdamer Klinik. Bald werden die Wissenschaftler die Mumie dreidimensional von innen sehen können – ohne die 2800 Jahre alten Binden zu zerschneiden.

Das »Reichsmuseum für Altertümer« in Leiden hat eine berühmte ägyptische Sammlung. In den letzten Jahren wurden alle dort vorhandenen Mumien mit modernsten Mitteln durchleuchtet.

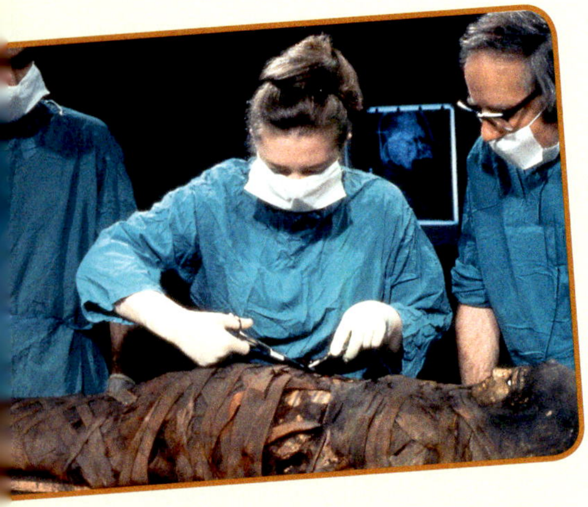

Hier wird noch geschnibbelt: Die britische Ägyptologin Dr. Rosalie David öffnete in den 70er-Jahren vorsichtig eine Mumie.

* EINE UNBEKANNTE FRAU

Dr. Raven betreut im »Reichsmuseum für Altertümer« in der holländischen Stadt Leiden als Kurator eine der wichtigsten ägyptischen Sammlungen Europas. Seit mehreren Jahren arbeitet er mit der Universitätsklinik zusammen, um die 31 menschlichen Mumien und 73 Tiermumien des Museums untersuchen zu lassen. Von der toten Frau, die gerade auf der Bahre Richtung Labor rollt, weiß er wenig: Sie stammt aus Theben. Sie liegt seit fast 200 Jahren im Lagerraum des Museums. Sie muss wohlhabend gewesen sein, weil sie sich ein prächtiges Begräbnis leistete. Wie sie hieß? Auf ihrem Sarg steht nur, dass sie die Gattin eines gewissen Pasenhor war. Das Museum hat ihr die Inventarnummer AMM21 gegeben. Nennen wir sie also »Frau AMM21«.

* INS INNERSTE DER MUMIE

In den letzten Jahrhunderten haben Wissenschaftler Mumien oft aufgeschnitten. Es war die einzige Möglichkeit, um zu sehen, was sich unter den Binden verbarg.

Die Entdeckung der Röntgenstrahlen von 1895 war für die Ägyptologen also eine Revolution: Endlich konnte man durch die Hüllen hindurchleuchten, ohne sie zu zerstören! Die modernste Untersuchung jedoch bietet heutzutage ein Computertomograf. Auch er nutzt Röntgenstrahlen. Aber er zeigt hinterher nicht nur die Knochenumrisse, sondern dreidimensionale, plastische Bilder.

»Frau AMM21« ist bereit für die Untersuchung. Sie liegt auf einem schmalen Fließband. Hinter ihrem Kopf: Der Computertomograf, ein mächtiger Apparat mit einer kreisrunden Röhre. Die Ärzte und Dr. Raven haben sich in den Nebenraum hinter eine Panzerglasscheibe zurückgezogen. Denn gleich wird der Apparat starke Strahlen senden – und die soll nur die Mumie abbekommen. Ein Knopfdruck, ein Surren. Langsam fährt »Frau AMM21« in die Röhre hinein …

Nur winzige Bohrlöcher verraten: Diese Mumie war eine der ersten, die Anfang der 80er-Jahre mit einem Endoskop untersucht wurde – eine Art dünner Schlauch mit Kamera. Man kann so ins Körperinnere schauen und Gewebeproben abknipsen.

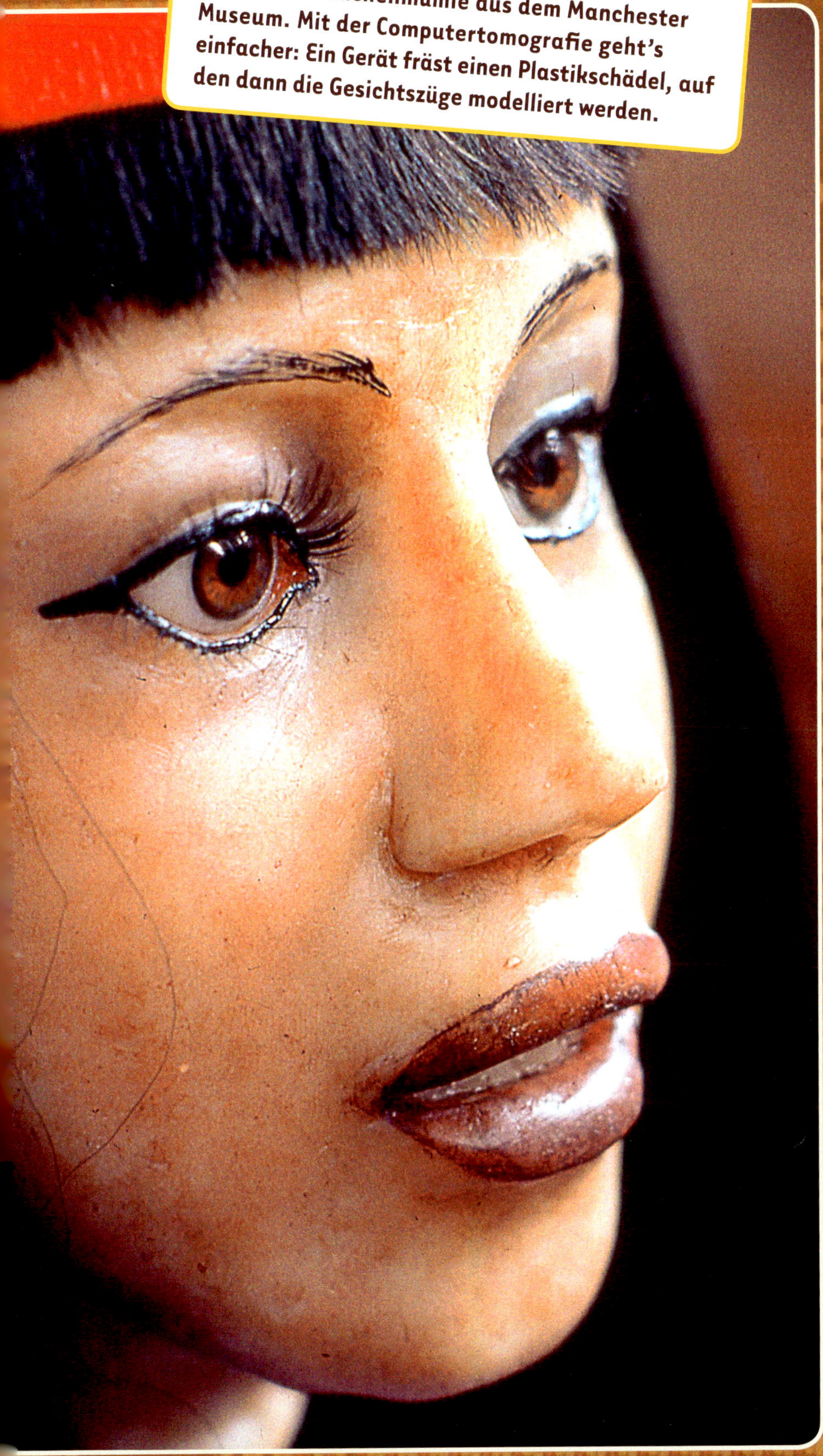

AUGE IN AUGE

Früher musste man einen Abguss der Schädelknochen machen, um das Gesicht zu rekonstruieren – wie bei dieser Mädchenmumie aus dem Manchester Museum. Mit der Computertomografie geht's einfacher: Ein Gerät fräst einen Plastikschädel, auf den dann die Gesichtszüge modelliert werden.

✱ HAUCHDÜNNE SCHNITTE

Ganz vorn an der Röhre sitzt ein dicker Metallring, der sich um die Mumie dreht. Aus der einen Seite sendet er Röntgenstrahlen, auf der gegenüberliegenden Seite sitzen Detektoren. Sie messen, wie viel Strahlung die Mumie an welcher Stelle hindurchlässt. Und das hängt wiederum davon ab, ob gerade Knochen, Organreste oder Binden durchleuchtet werden. »Am Kopf machen wir bitte Ein-Millimeter-Schnitte!«, bestimmt Dr. Raven. Der Apparat arbeitet sich nämlich in winzigen Schritten vor. Man kann es sich vorstellen, wie wenn man von einem Spanferkel hauchdünne Scheiben abschneiden würde, vom Kopf millimeterweise Richtung Brustkorb. Auf jeder Scheibe würde man die Knochen sehen und einen Querschnitt der Innereien. Genau so zerlegt der Apparat »Frau AMM21« – bloß digital, ganz ohne Messer. Die Mumienscheiben blinken nur auf dem Bildschirm.

✱ EIN AUFREGENDER FUND

Nach etwa eineinhalb Stunden rechnet der Computer die unzähligen Daten zu einem dreidimensionalen Mumienkörper zusammen. Und jetzt wird's wirklich spannend: Dr. Raven und die Ärzte können »Frau AMM21« nun auf dem Bildschirm drehen. Sie können den Computer einzelne Schichten wegrechnen lassen, so dass sie den Körper ausgewickelt ohne Binden sehen. Sie können sich einen Querschnitt des Gehirns zeigen lassen. Sie erkennen, dass die Dame Zahnlücken und Karies hatte. Dass ein Krebsgeschwulst die Knochen im Kopf angegriffen und die Balsamierer ihren Körper mit Leinenbinden ausgestopft hatten. »Und was ist das hier?«, fragt Dr. Raven aufgeregt. In der Bauchhöhle der Toten zeichnet sich eine kleine Puppe ab. Eine Sensation! Nur noch bei einer anderen Mumie aus Leiden war so eine Grabbeigabe im Körperinneren gefunden worden – und sonst nirgends auf der Welt …

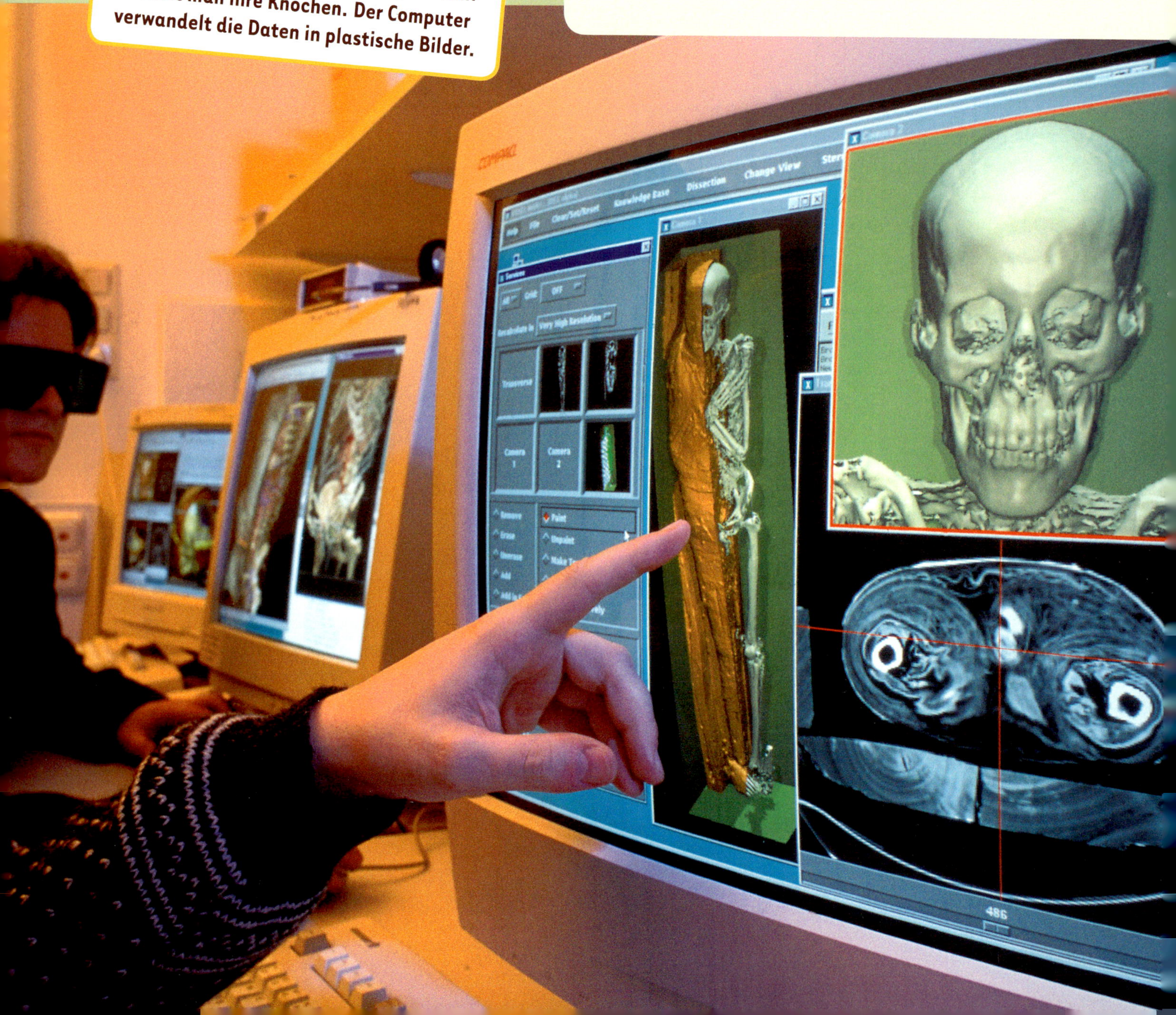

EINBLICKE INS INNERE

Hier wird eine männliche Mumie aus dem Kestner-Museum in Hannover untersucht. Zur Hälfte steht sie in Binden da, zur Hälfte sieht man ihre Knochen. Der Computer verwandelt die Daten in plastische Bilder.

* KOMPLIZIERTE SPURENSUCHE

Um Mumien ihr Geheimnis zu entlocken, gibt es noch andere Methoden. Doch meist müssen die Forscher dazu kleine Proben aus dem Körperinneren der Toten schnipseln – und das will man im Leidener Museum nicht. Solche Organproben können Krankheitserreger zeigen: Hatte der Tote Malaria oder die Lungenkrankheit Tuberkulose? In Knochen sind Elemente eingelagert, die zeigen, ob ein Mensch viel Fleisch gegessen hat oder fast ausschließlich Gemüse. In winzigen Lungenstückchen kann manchmal Staub gefunden werden, von Sandstürmen vor Tausenden von Jahren. Und manchmal lässt sich auch das Erbgut des Toten ermitteln, die DNA. Damit ließe sich zum Beispiel endlich klären, wer der leibliche Vater von Tutanchamun war. Vor wenigen Jahren sollte dies erforscht werden. Doch dann haben sich die Ägypter im letzten Moment geweigert, eine Gewebeprobe zuzulassen …

* ZURÜCK INS MUSEUM

In Amsterdam ist es später Abend. »Frau AMM21« hat die Computertomografie überstanden – natürlich unbeschädigt. Jetzt fährt sie im Transporter zurück in Richtung Museum. Dr. Raven ist zufrieden: In den kommenden Monaten können Experten in aller Ruhe die CT-Bilder untersuchen. Viele ihrer Geheimnisse hat »Frau AMM21« noch nicht preisgegeben. Aber die Ägyptologen sind ihnen auf der Spur …

Berufsporträt: So wird man Ägyptologe

Als Ägyptologe leitet Dr. Maarten Raven auch Ausgrabungen in fernen Ländern.

»Wer Ägyptologe werden will, muss eine Detektivnase haben, geduldig sein … und auch sehr fleißig, weil das Studium schwierig ist«, sagt Dr. Maarten Raven. Mehr als ein Dutzend deutsche Universitäten bieten Ägyptologie als Hauptfach an. Die Studenten müssen eine ganze Reihe Sprachen beherrschen: Englisch, Französisch, Griechisch und Latein, um Fachbücher und späte Quellentexte lesen zu können; Alt-, Mittel- und Neuägyptisch; sowie verschiedene Schriften wie die Hieroglyphen und das Hieratische. Schon im Studium spezialisieren sich die meisten. Es gibt Ägyptologen, die sich vor allem mit alten Texten beschäftigen; andere verbringen viel Zeit auf Ausgrabungen; andere sind Experten für Mumien. Fast alle haben nach dem Studium noch eine Doktorarbeit geschrieben. Mögliche Arbeitsplätze sind Museen, Forschungseinrichtungen oder Universitäten. Die Konkurrenz ist groß – aber es ist ein spannender, vielseitiger Beruf. Und Ägypten bietet unzählige Rätsel, die noch immer auf ihre Entschlüsselung warten …

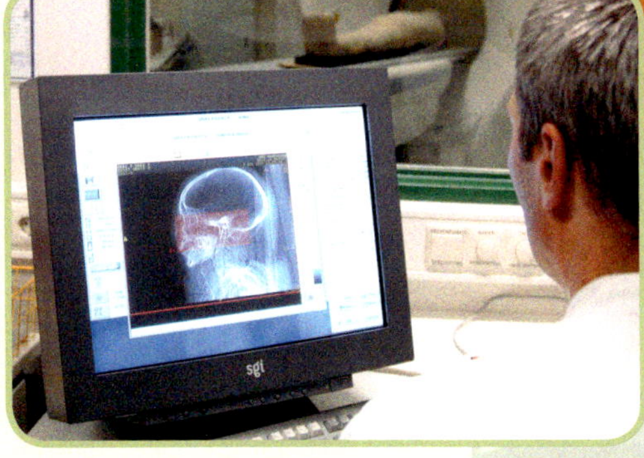

»Frau AMM21« auf einem Bildschirm in der Amsterdamer Uniklinik.

Der Franzose Franck Goddio war Geschäftsmann, bevor er Unterwasserarchäologe wurde. Am liebsten taucht er vor der ägyptischen Küste.

Franck Goddio betrachtet eine zerbrochene Pharaonenstatue der versunkenen Stadt Heraklion. Fünf Meter ist sie groß. Was für ein Brocken!

→ WO LIEGT DIE SPHINX?

Mit einem GPS-Gerät bestimmt der Taucher die genaue Position der Statue. Das erste Problem für Unterwasserarchäologen ist immer: Wo lohnt sich überhaupt die Suche? Dank moderner Technik findet man heute auch Schätze, die Meter unter dem Schlamm verborgen sind.

Schatzsuche am Meeresgrund

Die meisten Archäologen in Ägypten graben im heißen Wüstensand. Doch einige haben sich zu einer besonders spannenden Suche aufgemacht: Sie tauchen im Meer nach versunkenen Städten – und haben schon unzählige Kostbarkeiten an Land gebracht.

Rosa, schwabbelig – aber ein perfekter Abdruck von Hieroglyphen: Goddios Team hat eine Art Unterwasserstempel aus Gummi erfunden.

Klar zum Abtauchen? Drei … zwei … eins … Sprung! Lauwarm schwappen die Meereswellen über Franck Goddio zusammen. Es ist still unter Wasser – bis auf ein merkwürdiges Brummen, das vom Meeresgrund zu kommen scheint. Fische fliehen, als der Taucher mit schnellen Flossenschlägen an ihnen vorbeigleitet: Immer tiefer hinab, zu seinem abenteuerlichen Arbeitsplatz. Franck Goddio ist Unterwasserarchäologe. Und am liebsten taucht er hier nach versunkenen Pharaonenschätzen. Vorsichtig umschwimmt er zwei Säulen, die aus dem Meeresgrund ragen.

Die Statue eines Isispriesters, gefunden bei Alexandria. In der »Perle des Mittelmeers« hat einst Kleopatra geherrscht. Zeitweise lebten dort im Altertum 600 000 Menschen.

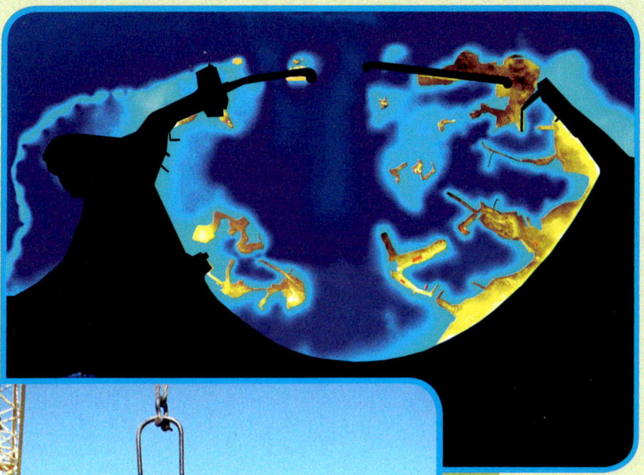

Der Hafen von Alexandria. Die versunkenen Ufergebiete sind gelb eingezeichnet.

Jahrtausende lag die Stele von Heraklion am Meeresgrund – jetzt wuchtet ein Kran sie ins Trockene. An derart schweren Brocken befestigen die Forscher manchmal auch Unterwasserballons. Wenn sie die aufpumpen, treiben sie mit ihrer Last nach oben.

Jetzt erkennt Goddio, woher das Brummgeräusch stammt: Zwei Taucherkollegen haben den Unterwassersauger angeworfen. Mit einem mächtigen Rüssel saugen sie Schlamm von einer Statue, von der erst der Sockel freigelegt ist.

* MIT HIGHTECH AUF DER SUCHE

Erst seit etwa 20 Jahren können Archäologen professionell Flüsse, Seen und Meere absuchen. Kein Wunder: Unterwasserforscher brauchen modernste Technik. Oft nutzen sie Sonaranlagen, die mit Schall unter Wasser versunkene Gegenstände orten. Franck Goddios wichtigste Spähmaschine ist ein Nuklearresonanzmagnetometer, den er – ähnlich wie eine Boje – an der Wasseroberfläche hinter seinem Forschungsschiff herzieht. Seine Taucher konzentrieren sich in Ägypten auf drei Orte, die nach Erdbeben und Flutkatastrophen versunken waren: Heraklion, Kanopus sowie Teile der berühmten Stadt Alexandria. In deren Hafenbecken lagen Schätze unter drei Metern Schlick – bis Goddios Mannschaft mit dem Sauger anrückte.

* SCHATZ IM PLANQUADRAT

Wie andere Archäologen auch, müssen die Taucher festhalten, was sie wo gefunden haben. Also stecken sie auf dem Meeresboden ein Gitternetz fest. So können sie genau aufzeichnen, dass zum Beispiel Trinkbecher Nr. 14 in der Ecke von Quadrat 4 c gelegen hat. Danach wird jeder Fund in ein Netz gesteckt und beschriftet – mit Spezialstiften, die auch unter Wasser schreiben. Sind die Schätze einmal auf dem Forschungsboot, muss es schnell gehen: Nach Jahrhunderten im Meer würden sie an der Luft zerfallen. Also müssen sie wochenlang in Süßwasser eingelegt werden, bis das Salz aus der letzten Pore gespült ist.

Doch manche Bruchstücke sind einfach zu groß. Um wenigstens ihre eingemeißelten Hieroglyphen lesen zu können, nutzen die Taucher eine Art Unterwasser-Stempel: Sie bedecken die Inschriften mit einer rosa Plastikdecke, klopfen das Ganze gut fest, damit sich jede Rille eindrückt. Wie in einer riesigen rosa Gummizeitung studieren später Experten damit die versunkenen Hieroglyphen – und freuen sich sehr, dass das Meer diese Schätze freigegeben hat ... mit Hilfe der Unterwasserarchäologie!

→ HOCHMODERN UND ZIEMLICH TEUER

Die Unterwassersuche ist nicht nur aufwendig, sondern auch teuer. Neben dem Forschungsschiff »Princess Duda« braucht Goddios Team ständig Sonaranlagen, Nuklearresonanzmagnetometer, Unterwasserroboter ...

Zu den Autoren

Die Autorin Dela Kienle, geb. 1976, lebt als freie Journalistin in Holland. Sie beschäftigt sich mit Kunstfälschern, interviewt Sandsammler, reist zu geretteten Elefanten nach Thailand – und hat nun ihre Liebe zu ägyptischen Pharaonen entdeckt. Studiert hat Dela Kienle in Bonn, Rom und Florenz; es folgte die Ausbildung an der bekannten Henri-Nannen-Journalistenschule in Hamburg. Heute schreibt sie unter anderem für »Geolino«, »NEON«, »Geo Special« und »Zeit Wissen«.

Dieter Guldin, geb. 1966, hat dieses Buch fachlich betreut. Seit 2004 führt er die Firma Archäoconsult in Berlin und erstellt Konzepte für die öffentlichkeitsnahe Präsentation der Archäologie.

Bildnachweis

Abkürzungen:
o = oben; u = unten; m = Mitte; l = links; r = rechts; die Ziffern beziehen sich auf die Buchseiten.

Mit Fotos von:

Umschlag: Kenneth Garrett; PhotoCase.com: ol; Griffith Institute, Oxford: ml; Jürgen Liepe: ul; bpk / Ägyptisches Museum und Papyrussammlung, SMB / Jürgen Liepe: U4

Ägyptisches-Museum Heidelberg: 20 u; akg-images: 48 ml, 26 o (Gérard Degeorge), 31 u (Francois Guénet); Andre Dames: 35 um, 46 l; ardea.com: 28 u (Ferrero-Labat), 31 or und 31 mr (M. Watson); Bildarchiv Preußischer Kulturbesitz: 4 um, 8 o, 17 mr, 17 ol, 20 mr, 21 u, 27 o, 32 l, 37 or, 37 mr, 37 um, 42 ul, 45 or, 45 ur; davon Dietmar Katz: 42 ul; Margarete Büsing: 4 um, 20 mr, 17 mr; RMN/Hervé Lewandowski: 37 mr; Ägyptisches Museum und Papyrussammlung, SMB/Jürgen Liepe: 37 um, 8 o, 32 l; Scala: 27 o; Lutz Braun: 45 ur, 17 ol; Britta Müller: 8 u; Elleringmann / laif: 10 l; Ernst Klett Schulbuchverlag Leipzig GmbH: 30 m; Franck Goddio/Hilti Foundation: 58–61; davon Jerôme Delafosse 58/59 und Christoph Gerigk 61 ul, 58 ur, 61 ml, 60 l, 60 r, 58 ul; Griffith Institute, Oxford: 18/19; Heiko Windfelder: 35 ul; Heiner Müller-Elsner / Agentur Focus 56 l; HOCHTIEF Aktiengesellschaft, Essen: 12 r, 14, 36 ul; Ikonos image courtesy of GeoEye: 15 ul; JP Laffont/Sygma/Corbis: 41; Jürgen Liepe: 8 m, 16 ul, 17 um, 17 u, 23, 31 ol, 32 or, 32 mr, 33 ol, 35 ol, 35 or, 36 m, 38/39, 42/43, 44 ul, 46/47 u, 50 ul, 51 ol, 51 or, 51 ur; Karl Shone (c) Dorling Kindersley: 11 l; Katharina Haefelin, Adliswil/Schweiz: 30 u; Kenneth Garrett/National Geographic Image Collection: 24 ul; Kenneth Garrett: 6/7, 9 o, 10 r, 12/13, 24/25, 37 ul; Lesley & Roy Adkins: 47 ol, 47 ml, 47 mr; Manfred Vaeth, Ganderkesee: 11 ur; Museum Leiden: 52/53, 57; Nasa/Jaques Descloitres, MODIS Land Science Team: 15 r; North Wind Picture Archives: 50 um; O. Louis Mazzatenta/National Geographic Image Collection: 27 u; PhotoCase.com: 4 ol, 4 ul, 4 um, 5 ur, 16 r, 24 ol, 28/29, 32 um, 59 um, 59 ur, 59 ur, 61 om, 64 um, Hintergrundbilder: Vorsatz und Nachsatz, 8, 11, 16/17, 20, 22/23, 35, 37, 40/41, 55, 57, 64; Space Imaging Eurasia: 30 o; Stephane Compoint: 40, 48/49; Summum/www.summuM.us: 33 or; The Bridgemen Art Library: 22 u, 26 u; The Manchester Museum, The University of Manchester: 54/55; Trustees of the British Museum: 3; vegas-online.de: 32/33 u; Wikipedia: 45 m

Mit Illustrationen von:
Johannes-Christian Rost/Kosmos: 15 om (drei Zeichnungen), 15 um, 22 o, 50 ol; Nikolaus Willburger: 9 m

Trotz gewissenhafter Bemühungen ist es dem Verlag nicht gelungen, alle Rechteinhaber zu finden. Wir bitten diese, sich gegebenenfalls mit dem Verlag in Verbindung zu setzen.

Impressum

Bibliografische Information der Deutschen Bibliothek
Die Deutsche Bibliothek verzeichnet diese Publikation in der Deutschen Nationalbibliografie; detaillierte bibliografische Daten sind im Internet über http://dnb.ddb.de abrufbar.
Dieses Buch folgt den Regeln der neuen deutschen Rechtschreibung.
Gedruckt auf chlorfrei gebleichtem Papier

1. Auflage

ISBN 978-3-440-10803-1
Grafische Konzeption und Umsetzung: Atelier Bea Klenk
Redaktion: Birgit Bramlage
Bildrecherche: Stefanie Vogt
Produktion: Ralf Paucke, Angela List

Printed in Germany